国会の立法権と地方自治

憲法・地方自治法・自治基本条例

東京大学名誉教授
西尾　勝

北海道自治研ブックレット No.6

発刊にあたって

私どもの公益社団法人北海道地方自治研究所は、二〇一八年四月、設立五〇周年を迎えました。設立された一九六八年当時は自治体改革が高揚した時期でした。戦後日本の地方自治は、一九四七年の憲法・地方自治法の制定によって、法制度的に民主的な枠組みに切り換えられますが、自治にふさわしい内実をもちはじめるのは一九六〇・七〇年代で、当研究所もその流れをいっそう加速させる熱い思いをもって設立されました。

それ以来はやくも半世紀の時が流れました。この間、当研究所は、市民運動を起点とする自治体の力量の向上とそれに続く地方分権改革時代の到来という時代の変化をふまえながら、新しい自治・分権のあり方を構想すること、それにもとづく改革を提起すること、それらを育む土壌となる討論を絶やさないことの三点を肝に銘じて、大勢の方々の協力に支えられながら今日まで活動を続けてきました。みなさまに心から感謝もうしあげます。

このブックレットは、二〇一八年五月三一日におこなわれた設立五〇周年記念行事における西尾勝先生（東京大学名誉教授）の記念講演を採録したものです。私どもは、先生が牽引された地方分権推進委員会の「最終報告」（二〇〇一年六月一四日）で、今後の分権改革に向けた六項目の提言のひとつとして示された『『地方自治の本旨』の具体化』に大きな関心をもち続けてきましたが、今回ようやく先生の所論をうかがう貴重な機会を得ました。

先生には一九七六年にも「憲法と地方自治」と題して講演をいただいております。当時、所内の学習用に活字化した講演記録は、その後大きな反響を呼んでコピーが津軽海峡をこえて本州方面の研究者・自治体関係者のあいだにもひろがり、今日なお大きな影響を与え続けています。そうしたことから今回の記念講演の記録とあわせて、このブックレットに再録させていただくことにしました。ご承諾くださった先生には厚くお礼もうしあげます。

ふたつの講演記録の間には四〇年の歳月が流れていますが、自治体の自主的な営為を可能にし、あるいはその営為をうながすことに力点をおかれた先生の立論は一貫しておられます。また、二〇〇〇年以降、まさにその自主的な営為として全国化した自治基本条例の今後を展望され、それらを組み込んだ新しい地方自治の立法論を説得的に展開されています。このブックレットがひろく読まれ、地方自治をめぐる議論が活性化することを願ってやみません。

二〇一八年九月

公益社団法人北海道地方自治研究所

目次

学習資料　第I集「現代地方自治講座」講演記録

はじめに

今年二〇一八年は北海道地方自治研究所の設立五〇周年にあたるとのこと、まことにおめでとうございます。本日は、この設立五〇周年を祝う栄えある祝賀会の前座を務める基調講演者としてお招きいただく光栄に浴し、厚く御礼申し上げます。

ちなみに、北海道地方自治研究所が設立された一九六八年は、私がアメリカに留学の最中でした。アメリカ留学から帰国したのが一九六九年で、松下圭一先生がみずから委員長をお務めになった武蔵野市緑化市民委員会に参加し始めたのが一九七一年秋のことで、松下先生の後を引き継いで私が緑化市民委員会の二代目の委員長を務めていたのが一九七三年から一九七五年の二年間でした。この間に、緑化市民委員会の委員全員はこの北海道の旭川市と帯広市を視察し、五十嵐広三市長と吉村博市長のお話を拝聴しました。そのようなご縁もあって、一九七六年に釧路市で開催された北海道地方自治研究所主催の「現代地方自治講座」の講師にお招きを受けました。そこで私は、「憲法と地方自治」と題する講演をさせていただきました。その日の夜の懇親会には、五十嵐市長や吉村市長に加え山口哲夫釧路市長も同席しておられ、活発な議論が交わされました。

そして、五十嵐旭川市長とは、国会議員になられて以降も、東京で何度かお会いし面談する機会がございました。一九九五年に地方分権推進法が成立し、地方分権推進委員会委員の人選が進められていた時期は村山富市内閣時代で、五十嵐さんが内閣官房長官としてこの人選作業に従事しておられました。私がこの地方分権推進委員会の七名の委員の一人に選ばれたのは五十嵐内閣官房長官の最終的なご推挙の結果であったと認識しております。

このとき五十嵐広三さんから受けた恩義のことを思えば、今回の講演のご要請にも快く応じざるを得ないと考え、参上した次第です。

講演の演題についても、一九七六年のときの「憲法と地方自治」にちなみ、今回は「国会の立法権と地方自治：憲法・地方自治法・自治基本条例」とさせていただきました。ここにおられる北海道で活動してこられた皆様方には改めて申し上げるまでもないことですが、松下先生がその後に提唱された自治基本条例の制定運動は、もともと北海道大学法学部の神原勝教授たちが中心になって北海道の地で産み落とし育て上げてこられた運動で、やがて北海道栗山町議会主導の議会基本条例の制定運動へと更なる発展をとげ、いずれも広く全国各地の市町村に普及し、成熟してきている運動です。

この「基本条例」は、いわば「自治体の憲法」ともいうべきもので、当該自治体の「最高規範」としてその他の通常の条例・規則に優越している法規と認識し、その他の通常の条例・規則を制定改廃する際には常にそれらが基本条例に違反していないことを確認しなければならないと説かれています。しかしながら、基本条例とその他の通常の条例・規則との関係に関するこのような理解は、残念ながら憲法でも地方自治法でもまだ公認されておりません。そこで将来いずれかの時点で、どこかの自治体が制定した或る条例が当該自治体の基本条例に違反しているのではないか、したがって当該条例はそのかぎりにおいて無効と判断されるべきものではないのかを争う訴訟が提起されたとき、この訴えを受理した裁判所が、「違憲立法審査権」に基づいて国の或る法令が合憲か違憲かを判断してくれるのと同様に、或る自治体の或る条例が当該自治体の自治基本条例に違反していて無効なものであるか否かを判断してくれるという保障は、どこにもありません。要するに、自治基本条例は、国の法制度上はまだ、「自治体の憲法」、「自治体の最高規範」に成り切れていないのです。

そこで、今回の講演では、日本国憲法を頂点とするこの国の法制度の下で、この種の自治基本条例または議会基本条例を将来いずれかの時点で「自治体の最高規範」として国の諸機関にも認めさせる方策がどの程度まで実現可能な事柄なのか、少々突き詰めて検討してみることにしましょう。

私がいまの時点になってこの問題に改めて関心を寄せるようになった背景には、実は私の住む東京都武蔵野市でも一昨年の後半から執行機関側と議会側の双方の代表と市民代表の三者で構成する「武蔵野市自治基本条例（仮称）に関する懇談会」が設置され、この私が懇談会の座長に選任され、かれこれ二年近く、自治基本条例をめぐる侃々諤々の議論に明け暮れてきたという事情もあるのです。皆様からみれば、一九七〇年代以来、「市民参加の武蔵野方式」と謳われ一世を風靡してきた武蔵野市がどうしていまごろになって自治基本条例の制定に向けて動き始めたのかと、素朴な疑問を抱かれるでしょうが、今回の講演ではこの点についての事情説明は省きます。

以下、お手元のレジュメにしたがってお話しします。しばらくは、自治基本条例そのものから少し離れたところから話を始めますが、後半は再び自治基本条例に立ち返って、これを実質的に「自治体の憲法」に近づける諸方策の話に戻りますので、しばらく辛抱してお聞きください。

I　日本国憲法と地方自治

1　マッカーサー草案と日本国憲法案

日本国憲法の制定過程は、まずマッカーサー元帥を総司令官とする連合国軍総司令部（GHQ）から日本国政府側に提示された、英文で書かれた「マッカーサー草案」を折衝の「たたき台」として始まりましたが、最終的には帝国議会の審議を経て確定された日本語文で書かれた日本国憲法は、ただ単に、英文の「マッカーサー草案」を日本語文に直訳したものではありませんでした。GHQ側関係者と当時の日本国政府側関係者との折衝過程で数々の重要な書き換えが行われ、さらには最終段階の帝国議会の審議過程でも若干の修正が加えられてできあがったものでした。

日本国政府側の意向に基づく修正がなかでも大きかったのは、第四章・国会の部分と第八章・地方自治の部分でした。

第四章・国会の部分についての書き換えは、「マッカーサー草案」では衆議院のみの一院制であった国会を、日本国政府側の意向に基づいて、参議院を併せて創設する衆参両院の二院制の国会に変更したものです。その結果、第四章・国会の部分には新たに参議院に関する条文が設けられ、さらには衆参両院の議決が異なった場合に備えた両院協議会に関する条文が必要になって、第四章・国会の条文数は大幅に増えました。これに対して、第八章・地方自治の部分についての書き換えは、「マッカーサー草案」では三箇条に過ぎなかったところを、一箇条追加して四箇条に改めたもので、条文数で見る限りでは小さな変更でしたが、そのうちの一条一条ごとの実質的な内容が、日本国政府側の意向に基づいて大きく変更されたのです。したがって、この第八章・地方自治は、「マッカーサー草案」とはその内容が相当に異なるものに変わってしまっています。

2　憲法第八章：地方自治

どのように変わったのか。それが次のテーマです。「マッカーサー草案」には三箇条しかなかったと申しましたが、その第一番目の条文は、市町村というときの市と町に、自治憲章（Home Rule Charter）を制定する権能を賦与するという趣旨のことが書かれていました。この条文でもうひとつ注目していただきたいのは、ここには都道府県は全く出て来ておりませんし、市町村というときの村も除外されていたことです。

第二番目の条文では、都と府県と市町村にはそれぞれ長と議会を置き、市町村長と市町村議会議員、そして都府県知事と都府県議会議員は、それぞれ直接公選にすべしという趣旨のことが書かれていました。ここでもご注意いただきたいのですが、北海道は府県とも呼ばず都とも呼ばず、北海道と呼ばれてきたのですが、この道《どう》は、ここには一切出て来ていないということです。

第三番目の条文は、現在の憲法第九五条の地方自治特別法制度を導入する趣旨の条文でした。

このような「マッカーサー草案」の内容に対して、日本国政府側の意向でどのような修正が加えられたかと申しますと、第一に、憲法第八章の冒頭に置かれている第九二条を追加して新設したことです。この第九二条には、「地方公共団体の組織及び運営に関する事項は、地方自治の本旨に基づいて、法律でこれを定める。」と書かれています。ここで注目していただきたいのは、「地方公共団体」という耳慣れない言葉が初めて使われたということです。「マッカーサー草案」では、第一番目の条文では市と町、第二番目の条文では都、府県、市町村といったように、自治体の級別及び種別を示す個々の名称が列記されていたのに対して、日本国政府側は都道府県とか市町村といった級別及び種別を示す個々の名称を一切表に出さず、これらに代えてすべての自治体を総称する地方公共団体（public entities）という概念を導入したのです。

その結果、どういう問題が発生しているのか。これは一つの重要な問題なのですが、憲法上絶対に設置しなければならない地方公共団体、言い換えれば、その設置が憲法で保障されている地方公共団体はどの範囲内の地方公共団体なのかが、明確でなくなってしまったということです。日本国政府側は憲法の制定に併せて地方自治法を制定しましたが、この地方自治法では、地方公共団体を普通地方公共団体と特別地方公共団体に区分けし、複数の地方公共団体で共同設置する協議会や一部事務組合等は特別地方公共団体としました。この協議会や一部事務組合等には直接公選の長も直接公選の議員から構成される議会も設置されていません。その点では憲法が地方公共団体に要求しているすべての要件を充たしている地方公共団体ではないことになります。それでは、普通地方公共団体とされた都道府県及び市町村はそれらの設置が憲法で保障されている地方公共団体と言えるのでしょうか。残念ながら、この点も明瞭ではなくなってしまっているのです。

話が少し横道にそれてしまいますが、講和後の改革の一環として第四次地方制度調査会で、当時の（沖縄県の復帰以前の）四六都道府県を全面廃止しこれらに代えて全国に一〇前後の「地方」を設置しようとする「地方制案」（＝「道州制案」）の是非が議論されていた際には、戦後改革で完全自治体に変わったとされている都道府県を全面廃止しようとするこの種の制度改革は憲法に違反するのではないかが国会で質疑されました。このときの政府側の答弁は、かならずしも憲法違反とは言い切れないというものでした。地方自治法は、普通地方公共団体をさらに、広域的な地方公共団体と基礎的な地方公共団体とに区分けしていますが、都道府県を全面廃止しても必ずしも憲法違反にはあたらないというのは、これが広域的な地方公共団体だからなのでしょうか。そうであれば、基礎的な地方公共団体とされている市町村についてはそれらの設置が憲法上保障されていると言い切れるのでしょうか。こうした諸点が曖昧になってしまっているのです。

「マッカーサー草案」にあった第一番目の市と町に自治憲章制定権を賦与するとする案に対しては、日本国政府側がこれを強く拒絶し、これに代えて、憲法第九四条で地方公共団体の議会に法律の範囲内で条例制定権を賦与するということに止めさせる修正に成功しました。

「マッカーサー草案」にあった第二番目の道を除くすべての自治体に直接公選の長と直接公選の議員で構成される議会の設置を義務付けるという点に関しても、日本国政府側は強く抵抗し、直接公選の議員で構成される議会が長を選任する間接公選制の採用を逆提案したのですが、ＧＨＱ側は長の直接公選制に強く固執し、最後まで修正に応じませんでした。こうして、戦後日本の自治体は、広域自治体の都道府県も基礎自治体の市町村もすべて画一的に、二元代表制の政治システムの採用を強制される結果になりました。

「マッカーサー草案」にあった第三番目の地方自治特別法制度の導入に関する条文については、ほとんど原案どおりで結着しました。

3　三権（立法・行政・司法＝国会・内閣・裁判所）と地方自治

さて、次のテーマは、新しい憲法の下で、国と自治体の関係はどのように設計されたのかという問題です。第八章を離れ、憲法のすべての条文を通してみたとき、国の統治構造を構成している諸機関と自治体との関係について、憲法はどのように定めているのか。

そこでまず、国の統治構造については、第四章・国会、第五章・内閣、第六章・司法というふうに、いわゆる立法・行政・司法の三権がそれぞれ章を分けて規定されているわけです。この立法・行政・司法の三権の機関と地方自治との関係がどのように規定されているのか、この点を日本語文の憲法と英文の憲法の双方から注意深く丹念に読み解いてみますと、面白いことに気付かされます。

国会は自治体に、あるいは地方自治に介入する権能が明文で認められています。何よりもまず、「国会は国権の最高機関であり、唯一の立法機関である。」と規定されていて、憲法の諸条項に違反しない限り、いかなる立法をも行い得る広い権能を賦与されています。憲法の第三章・基本的人権には種々の人権条項が定められていて、これらの基本的人権は国会といえども犯すことのできないものとされています。また、国の統治構造を構成する国会、内閣、司法の諸機関の組織及び運営については憲法そのものに種々の規定が置かれておりまして、国会といえども、憲法の諸条項に違反するような立法は許されません。しかし、憲法の諸条項に違反しない限り、国会はあらゆる立法を為し得るのです。この点は、自治体に関すること、地方自治に関することでも変わりません。しかもその上に、先ほど申し上げましたように、日本国政府側の意向に基づいて新たに追加された憲法第九二条は、「地方公共団体の組織及び運営に関する事項は、地方自治の本旨に基づいて、法律でこれを定める。」と書き込まれていますので、国会は大威張りで公然と、地方自治法を制定し、地方財政法、地方税法、地方公務員法等々を次々に制定してきたのです。

憲法上法律と呼ばれているのは国会が制定した法規に限定されていますので、「法律でこれを定める」と書かれていれば、それは国会が定めるという意味です。要するに、国会は自治体、地方自治に介入する権能が初めから明文で認められているのです。

司法、裁判所はどうか。自治体が制定する条例・規則が国の法令に違反しているかどうかを審理する権能は裁判所にあると、憲法に明文で書かれています。合憲か違憲かは、最終的には最高裁の判決で確定するわけですが、最高裁判決で確定すれば、この条例・規則は憲法違反である、あるいはこの条例・規則は国の法令に違反していると言われれば、この条例・規則はただちに無効になります。そういう意味で、司法も自治体、地方自治に介入する権能が憲法に明確に定められています。

これに対して、行政権を担う内閣についてはどうか。ここが重要なポイントなのですが、第五章・内閣の諸条項を注意深く読み解いてみても、国の内閣、あるいは内閣を構成している各府省大臣には自治体、地方自治に介入する権能が一つも賦与されていないのです。その片鱗すらありません。これは何を意味しているのでしょうか。

国会が制定する法律を使って統制することを立法的統制と言い、裁判所が裁判を通して判決によって統制することを司法的統制と言います。そして、内閣や各府省大臣が行政立法や行政処分を通して統制することを行政的統制と言いますが、日本国憲法は立法的統制・司法的統制中心主義の思想を明確にしているということなのです。行政的統制は少なければ少ないほど良いという考え方に立っていると言えるのです。

世界の国々の統治構造にはいろいろな類型がありまして、立法的統制と司法的統制を中心にし、行政的統制をできるだけ狭く限定しようとしてきた国々は、イギリス、アメリカ、カナダ、オーストラリア等々のアングロサクソン系の国々です。これに対して、フランス、ドイツ、イタリア等々のヨーロッパ大陸系諸国は、むしろ行政的統制中心主義の国々です。日本は明治維新以来、フランスやプロイセンをモデルとして「国のかたち」を形成してきましたので、自治体である市町村に対する国の介入も行政的統制中心主義でした。戦後の新憲法はこの「国のかたち」を大きく転換しようとしていたはずなのです。ところが、戦後の現実はどうであったかといえば、自治体を統制しているのは何よりもまず内閣であり、各府省大臣であり、各府省の官僚機構だったのではないでしょうか。実態は、行政的統制中心主義の国になっていて、戦後も明治以来の伝統がそのまま消えずに残っているかのようにみえるのではないでしょうか。

どうしてこういう事態になっているのか。内閣と各府省大臣は、何を根拠にして、自治体、地方自治に介入してきたのでしょうか。実は、すべて国会が制定した法律を根拠にして介入してきたのです。国会がそういう権能を内閣や各府省大臣に賦与してきたのです。国会が制定した数々の法律に、その仕組みが入れ込まれていたのです。そうすると、日本の自治体の自治権を制約している元凶は誰かと問われれば、それは国会だと答えなければなりません。

もちろん、国会による立法過程の実態にまで立ち戻って考察し直せば、国会が制定した重要な法律の多くは議員立法ではなく、政府提出法案であって、これらの政府提出法案を起草していたのは各府省の官僚機構でしたから、自治体、地方自治への介入の仕組みを法案のなかに滑り込ませた張本人は各府省の官僚機構です。その意味では、諸悪の根源は各府省の官僚機構であるとも言えます。しかし、各府省の官僚機構が起草した法案がどうであれ、国会はこれを慎重に審議し、法案を修正することも否決することができる立場にいたにもかかわらず、国会はその責務を十分に果たそうとしてこなかったために、こういう事態に立ち至っているのです。最終的な責任はやはり国会にあったのです。

そこで、一九九五年七月に地方分権推進委員会が設置され、それから六年間、いわゆる「第一次分権改革」が進められました。私もその委員の一人としてこれに参画したのですが、この委員会が成し遂げた最も重要な改革は、明治以来の日本に独特の制度であった機関委任事務制度の全面廃止でありました。地方分権改革を進め、国の各府省による関与を廃止したり、弱めたり、縮減したり、緩和したりしようとしますと、多数の関係法律の一部改正が必要になるのです。これまでに国会が制定した法律、内閣が制定した政令、各府省大臣が制定した府省令といったものをまとめて法令と称しますが、この関係法令を根拠にして種々の行政的関与が行われてきているので、これらを廃止または緩和しようとすると、大元の関係法律をまとめて書き換えなければならないということになるのです。

こうして、地方分権改革が行われるたびごとに、必ず地方分権一括法案と称される法案が国会に提出され審議されます。幾つもの関係法律のごく一部分のみを改正しようとする細々とした複数の法案をまとめて一本化した法案が「一括法案」と称されているのです。「第一次分権改革」では、機関委任事務制度の全面廃止まで含まれておりましたので、関係法律の数は飛び抜けて多数になり、総計四七五本の関係法律の一部改正法案になっていました。その後も、地方分権改革推進委員会（丹羽委員会）による「第二次分権改革」が行われ、現在は内閣府の地方分権改革有識者会議の下で、自治体からの「提案方式」、希望する自治体にのみ適用する「手上げ方式」を売り物にした地方分権改革が細々と積み重ねられ続けておりますが、そのつど地方分権一括法案が国会に提出されています。地方分権改革はこの種の地方分権一括法案が国会で議決され成立したときに、ようやく実施に移されることになるのです。

言い換えれば、地方分権改革は国会によって承認されない限り一歩も進まない性質の仕事なのです。その意味で、地方分権改革は、地域社会住民の総意（ローカル・デモクラシー）と国民の総意（ナショナル・デモクラシー）との戦いなのです。地方分権改革のための戦いは、国会という場を戦場にした、「地域社会住民の総意」と「国民の総意」との戦いなのです。地方自治にとって、国会がいかに重要な存在か、この国会に賦与されている国の立法権がいかに重要な機能を果たしているのか、十分にご理解いただきたいのです。

Ⅱ　国会の立法権を制約する二つの方策

そこで、次のテーマに進みます。地方分権改革は、国会がこれまでに立法してきた各種の法律の体系を地方自治の観点から見直し改正させる作業ですが、地方自治の拡充にとってこれに劣らず重要なのは、これからも日々に新たに制定されていく新規立法や、絶え間なく行われている既存の法律の一部改正法などが地方自治を不当に制約する事態を何とかして抑止することです。どのような仕組みを構築すれば、国会の立法権の行使を常時監視し、これを絶えず抑止し続けることが可能になるのか。この点にも、智恵を絞らなければなりません。この国会の立法権を制約する方策は、基本的には以下の二つの方策に分かれます。

1　憲法第八章：地方自治の改正──「地方自治の本旨」の具体化

第一の方策は、国会の立法権を憲法によって制約する方策です。すなわち、憲法を改正し、国会といえども以下の諸条文に反するような立法をしてはならないという趣旨の諸条文を増やすことです。憲法第九二条の「地方公共団体の組織及び運営に関する事項は、地方自治の本旨に基づいて、法律でこれを定める。」に書き込まれている「地方自治の本旨に基づいて」は、国会といえども、「地方自治の本旨」に反するような法律を制定してはならないという趣旨で挿入されている文言であると説明されているのですが、この文言がこれまでに十分な歯止めの機能をはたしてきたかと言えば、はたしてきたとは到底おもわれません。「地方自治の本旨」という文言だけでは余りにも抽象的にすぎて、歯止めの機能をはたし得ない。

そこで、この「地方自治の本旨」の内容を分解し具体化して、これらを複数の条文形式に起草し、憲法改正作業の一環として、これらの条文を日本国憲法第八章に書き加えるのです。そうなれば、いま国会で審議中の法案は憲法第八章のこの条文に違反している法案ではないかと批判し、この法案の成立を阻止する余地が増えます。この種の新規立法が可決成立してしまったときは、この法律は憲法第八章のこの条文に違反しているので無効の法律ではないかを争う訴訟を提起し、裁判所の違憲判決を求めることができます。

「地方自治の本旨」を具体化するとすれば、どのような事項を列挙するのが適当か。これは、いまから衆知を結集して検討しておくべききわめて重要な作業です。一、二の事項を例示しておけば、現在の憲法第八章には、地方自治を支える上で不可欠な税財源の調達について何一つとして規定しておりません。地方自治を支える地方税体系の構築にあたって遵守すべき核心的な要件とは何でしょうか。現在の地方交付税制度に類する財政調整制度の構築にあたって遵守すべき大原則とは何でしょうか。「第一次分権改革」の一環として、国の関与の合法性をめぐって自治体が訴訟で国と争う道がひらかれましたけれども、この点についても憲法条項化しておくべきではないでしょうか。

地方自治関係者一人ひとりがそれぞれ真剣に熟慮してみてほしいのです。

2　国会の審議過程への自治体参加

国会の立法権の行使を制約する第二の方策は、自治体の国政参加の一環としての、国会の審議過程への広い意味での自治体参加です。これにも、大きく分けて、二つの方策があります。一つは、自治体の意見を国会の審議過程に反映させる仕組みを構築する方策です。もう一つの方策は、自治体を代表する議員を国会の中に送り込む仕組みの構築です。

(1) これまでの成果

まず前者については、すでにこれまでにも種々の方策が構築されてきました。まず一九九三年、国会の衆参両院で地方分権推進決議がなされた当時のことですが、自民党主導の議員立法によって、自治体の全国連合組織である「地方六団体」に対して、国会への意見書の提出権が賦与されました。そこで、地方六団体は早速にこの権能を活用し、その後の地方分権推進法の制定に向けた地方六団体の意見書をとりまとめて、これを国会へ提出しました。

このときの地方六団体の地方分権推進委員会の設置構想をみると、地方分権推進法によって新設される地方分権推進委員会は、当面の地方分権改革の推進だけを任務とするのではなしに、この当面の任務の終了後も引き続き常設の機関として存置され、国会による法律の制定、内閣による政令の制定を地方自治の観点から常時監視し、必要があれば国会及び内閣へ意見書を提出する権能を有するものとするように求めていたのです。そのために、地方分権推進委員会は国家行政組織法上のいわゆる三条機関として設置されるべきだとしていました。

しかし、残念ながら、この地方六団体の意見書の設置構想は採択されず、現実に設置された地方分権推進委員会は、任期五年の臨時的な機関とされ（五年目になって、任期を一年延長された）、通常の審議会等と同様のいわゆる八条機関とされたことは、皆様ご承知のとおりです。しかし、この地方六団体の意見書が国会による法律の制定過程や内閣による政令の制定過程に自治体側の意見を反映させる方策を真剣に模索していたことに注目していただきたいのです。

行政手続法が制定される過程では、この行政手続法に内閣及び各府省が政令及び府省令を制定する行政立法手続において遵守すべきルールまで含め規定すべきか否か論議されていましたが、最終的には、行政手続法にはこれを含めないことになりました。しかし、このときの内閣は、政省令の制定過程においても法律に基づかないパブリック・コメント制度の開始を閣議決定し、一定の経験を蓄積した上で、行政手続法の改正の際にこれを法制化する措置を講じました。

したがって、現在では、地方六団体もこのパブリック・コメント制度を活用して自治体側の意見を迅速に取りまとめて表明し、関係機関による慎重審議を要請する機会が増えて来ているはずなのですが、地方六団体がこの制度を十分に活用できているようには見えません。しかし、これは地方六団体の怠慢とも言い切れないように思われます。全国知事会にしろ、全国市長会にしろ、全国町村会にしろ、その職員機構の陣容は決して十分に整ってはおりません。地方六団体にこれまで以上のクリアリング・ハウス機能やシンク・タンク機能の充実を期待するのであれば、これらの全国連合組織に加盟している都道府県、市、町村がこれまで以上の分担金を拠出しなければならないでしょう。

この種の方策として最も新しいのは、地方分権改革推進委員会（丹羽委員会）の勧告に基づいて、民主党政権が地方六団体と協議し、迅速に法制化した「国と地方の協議の場」の創設です。この協議の場はときの内閣と地方六団体との協議の場ですから、国会の立法過程へ自治体の意見を反映させる仕組とは違うとも言えます。しかし、国会で審議される法案の多くが政府提出法案であるという現実を踏まえれば、種々の政府提出法案が閣議決定され国会へ提出される前に、これらの政府提出法案の中身に再考を求め、修正を要求するには、絶好の場でもあるのであって、地方六団体はこの協議の場をどのように活かしていくべきか、大いに智恵をしぼってほしいものです。

(2)　国会への自治体代表の参加

もっと根源的な第二の方策は、国会そのものに自治体を代表する議員を送り込む方策ですが、このような一種の職能代表のような選挙制度を採用している国は一つも存在しません。世界各国の議会は、いずれも選挙権を有する国民が直接選挙した国民代表で構成することを大原則にしているからです。この点は、選挙制度が地域を単位にした地域代表であれ、政党を単位にした比例代表であれ、変わりません。

当選した議員は、いかなる支持層の支援によって当選していようと、当選した暁には国民代表として行動することを期待されているのです。そこに、自治体の利害を代弁する議員という考え方が入り込む余地はありません。

しかし、連邦国家の連邦政府の場合には、連邦議会が二院制で、その第一院は国民代表で構成し、第二院は連邦国家を構成している各州代表で構成する例が少なくありません。アメリカ合衆国の連邦議会の下院と上院はまさにその典型事例です。これに対して、ドイツ連邦共和国の連邦政府の議会は国民代表で構成されるいわば下院のみの一院制の連邦議会です。ところが、この連邦議会には通常の上院とは異なる連邦参事院というきわめて特殊な副議決機関が併設されていて、これが連邦国家を構成している各州の利益を擁護する機能をはたしています。

この連邦参事院を構成する議員（参事？）の総定員は連邦を構成する各州に人口比例で配分されていて、各州を代表する議員（参事？）は連邦参事院に付議された法案ごとに各州政府によって選任され派遣される仕組みになっておりますので、連邦参事院の会議にそのつど参集する各州代表の顔触れは固定されておりません。付議された法案が税財政に関する法案であれば税財政に詳しい人が選任され、法案が放送に関する法案であれば放送行政に詳しい人が選任されています。別の言い方をすれば、常時連邦参事院の議員（参事？）であるという人は一人も存在しませんので、名刺に連邦参事院議員（参事？）

という肩書きを刷り込んでいる人は誰一人としていないということです。

そしてまた、連邦議会からこの連邦参事院に付議される法案は、連邦議会が審議し可決した法案のうち、連邦政府と州政府の権限関係に関わる法案に限定されています。そして、この連邦参事院の審議の結果この法案に修正が加えられた場合やこの法案が全面的に否決された場合には、連邦議会はこの法案について再度審議し議決しなければなりません。しかし、この連邦議会による再度の審議においては、連邦参事院の議決を尊重する義務が課されているわけではありませんし、特別多数による議決が要求されているわけでもありません。その意味で、連邦参事院に賦与されている権能は連邦議会に再度の慎重審議を求める牽制権にすぎず、連邦議会が可決した法案を完全に葬り去るような強い拒否権は賦与されておりません。

日本と同様の単一主権国家の国々のなかで、二院制の議会のうちの第二院が間接公選制で選出された事実上自治体の代表というべき議員で構成されている、ほとんど唯一の事例がフランス共和国の議会の上院です。

フランス共和国の議会の下院は比例代表選挙で直接公選された国民代表で構成されていて、首相の指名を初め、内閣の信任・不信任、予算等々の議決で、上院に優越する権能を賦与されている第一院であるのに対して、議会の第二院である上院議員の選挙は、フランスの自治体であるコミューン（市町村）・

デパルトマン（府県）・レジオン（道州）の議員を選挙権者とする間接選挙によって選出されている。しかも、フランス共和国のコミューン・デパルトマン・レジオンの執行機関の長はそれぞれの地方議会議員のなかから互選されている人々でありますので、コミューンの市町村長やデパルトマンの県知事や、レジオンの道州知事たちもすべてこの上院議員選挙の有権者に含まれているのです。しかも、この上院議員選挙に立候補してくる人々、そして実際に当選してくる人々の中にも、市町村長や府県知事や道州知事も少なくありません。フランス共和国の議会の上院は自治体の代表者というべき人々で構成されていると言っても決して言い過ぎではないのです。

そこで、フランス共和国では議会がこのような仕組みになっておりますので、自治体に深く関連する法案は上院において特に慎重に審議され、下院で可決された法案であっても、上院で修正されたり否決されたりする事例が少なくないのです。そういう意味で、フランス共和国の議会の上院は地方自治保障院と言うべき機能を果たしているのです。

3　わが国の「参議院改革」の論議

そこで、わが国の参議院改革問題に移ります。わが国では、参議院の権能と議員選挙制度を改革して、この参議院に地方自治保障院と言うべき機能を持たせてはどうかというアイデアが浮かびます。しかし、この参議院改革の論議は、地方分権改革の観点だけから提起されてきているのではなく、当初はむしろ、全く別個の考え方から論じられてきた問題でした。

第一に、参議院も、戦後早々のころは、政党政治から中立的な緑風会という会派が一定の勢力を維持していたということに加え、全国区から選出された議員には各種業界代表や各種宗教団体代表、そして全国的な著名人等々が多く、地域から選出されてくる衆議院議員とはかなり顔触れの違う人々が集まっていて、それなりの独自性を持っていたのです。ところが、その後の選挙制度の改革によって、全国区の制度が廃止され比例代表制が導入されるなど、衆議院議員と参議院議員が双方ともに政党政治化し、議員構成の面でも議会活動の面でも、衆参両院間に余り違いがなくなり、同じような審議の繰り返しになってきていました。そこで、参議院は衆議院のカーボン・コピーにすぎないと悪口を言われ、これでは敢えて二院制を採用している意味がないとして、参議院無用論が唱えられ始めたのです。

第二に、わが国の衆参両院の二院制はきわめて変則的な二院制になっているという問題点を持っています。世界の中でも珍しい形の二院制です。すなわち、首相の指名、内閣の信任・不信任、予算の議決等、ごく限られた議決事項については衆議院の優越が定められていますが、その他の議決事項については衆議院も参議院も全く対等の権能になっているので、衆議院と参議院とで異なる議決が為された場合には、両院協議会で協議し調整しなければならないことになっています。そしてこの両院協議会で合意に達しない場合には、衆議院で再度審議し、三分の二の特別多数で可決しない限り、この法案は成立しないという定めになっているのですが、この両院協議会が正常に機能したことはほとんどありません。要するに、わが国の参議院は異例に強い権能を賦与された第二院になっていますので、衆参両院の議員の党派別構成がねじれた場合には、内閣が成立させたい法案の国会通過が容易ではないということになります。

そこで、衆議院でながらく単独過半数を維持してきた自民党が参議院では過半数に達していないという場合、参議院では与党議員が少数派になってしまう。そうすると、政府与党が提出した法案の国会通過は保障されない。そこで、衆議院で過半数を持っているにもかかわらず、必ずもう一つ二つの他の政党と協定し、連立内閣を組織し、参議院でも連立与党が過半数になるように工作しなければならなくなってきたのです。

こうして、参議院議員選挙の結果、連立与党議員が参議院で過半数を割る事態になると、それだけで内閣総辞職という事態に発展することも稀ではなくなりました。議院内閣制とは国民代表で構成される衆議院で過半数を占めている政党が内閣を組織することを大原則にしている政治形態であるのに、第二院である参議院の事情によって内閣の総辞職がおこるといった事態は異常である。いまや、参議院は無用なのでなく、きわめて有害な第二院になってきているという議論が盛んになりました。

そこで、参議院の権能を第二院にふさわしい範囲内に限定するとともに、参議院議員の選挙制度を抜本的に変革する必要があると論じられ続けてきたのですが、どちらの側面の問題の改革も、憲法を改正しないかぎり実現不可能と認識され、「参議院改革」はつねに暗礁に乗り上げ続けてきたのでした。

参議院議員の選挙制度改革について、もうちょっと補足しておきますと、日本国憲法はその第四三条第一項で、「両議院は、全国民を代表する選挙された議員でこれを構成する。」と明記されています。そして、この「全国民を代表する選挙された議員」とは直接公選議員を意味し、間接公選議員を許容するものではないと解釈されていますので、先に紹介したフランスの議会の上院議員選挙のような間接選挙制を導入する余地は全くないと論じられているのです。

ところが、近年は、一票の価値の格差をめぐる最高裁の違憲状態判決が続き、衆議院議員選挙のみならず、参議院議員選挙についても違憲状態判決が出されました。これを受けた二〇一五年四月の公職選挙法改正で、参議院議員選挙については、鳥取県と島根県の選挙区の合区と徳島県と高知県の選挙区の合区とが決定されまして、この新しい選挙区構成が二〇一六年夏の参議院議員選挙から適用されました。この都道府県単位の選挙区の合区に対しては、当該選挙区から当選してきた参議院議員はもちろん、関係四県の知事たちが一致して強く抗議しています。それどころか、わが国はすでに人口減少期に突入しましたので、この問題は当面の四県に限らず、その他の諸県にも順次波及していくことが予測されているために、全国知事会の強い関心事項になっているのです。そこで、全国知事会は、「憲法と地方自治関係規定を検討する有識者研究会」なるものを設置し、この問題について検討した結果、平成二八年三月に中間報告をまとめていますが、この中間報告では、参議院議員選挙については憲法を改正し、人口比例によらない地域代表制を憲法に明文で規定することを要請したものになっています。

私個人の意見としては、参議院議員の選挙制度をめぐって憲法改正にまで踏み切るのであれば、都道府県単位の地域代表制を維持できるように改正するだけに止めずに、間接公選制の導入も可能にし、参議院を地方自治保障院の機能をそなえた、新しい性格の第二院に変えることを目標にすべきではないかと思っています。その場合には、新しい参議院の権能をどのように限定すべきか、自治体代表を間接公選する際の選挙権者をどのように定めるか等々、きわめて難しい問題点がありますので、いまから慎重に検討を重ねるべきでしょう。

III　条例に優位する最高規範制定権を自治体に賦与する方策

以上これまでのところでは、自治基本条例に直接関係しない問題に時間を割いて論じてきましたけれども、これからいよいよ自治基本条例を「自治体の最高規範」、「自治体の憲法」として、国の法制度上も公認させる方策について検討していくことにします。

1　憲法改正で自治体に自治憲章制定権を賦与する方策

第一は、憲法を改正して、自治体に自治憲章制定権を賦与する方策です。実は、自治体に最高規範制定権を賦与している国はほとんど皆無なのです。唯一の例外事例がアメリカ合衆国を構成している各州のうちの相当数の州が採用しているHome Rule Charter System、これを日本では戦前から「自治憲章制度」と訳してきていました。この自治憲章制度とは、これを許容している州では、それぞれの自治体が自治憲章制定会議を設置し、ここで市民代表たちによって起草された自治憲章草案を住民投票に付し、この住民投票で有効投票の過半数の賛成を得た場合には、これを州議会に提出します。州議会はこれを審議し、これが州憲法及び州法に違反していないと判断した場合にはこれを承認する議決をする。あるいは州議会はこれをただちに承認するというものです。そして、この自治憲章によって通常定められているのは、その自治体における政治の仕組みをどう組み立てるかという問題と、その自治体の所掌事務の範囲をどの範囲にするかという二点なのですが、この二点のいずれについても、州憲法と州法に違反していない範囲内であれば、いかように定めても良いことになっているのです。

GHQが起草した最初の「マッカーサー草案」は、実はアメリカ合衆国でしか採用されていなかった自治憲章制度、しかもアメリカ合衆国のすべての州ではなく、相当数の州でのみ採択されていたにすぎない自治憲章制度、世界でも例外的な異例の自治憲章制度を占領下の日本国憲法に導入しようとしていたことになります。しかし、当時の日本国政府側がこの自治憲章制度の導入案を強く拒絶し、自治憲章制定権を市と町に賦与する案に代えて、都道府県・市町村を含む普通地方公共団体に条例制定権を賦与するだけに止めたことは、冒頭にお話ししたとおりです。したがって、当然のことながら、現在の日本国憲法にも、これに基づく地方自治法にも、自治憲章という言葉はどこにも登場しておりません。普通地方公共団体に制定権が賦与されている法規範は議会が制定する条例と長等の執行機関が制定する規則の二種類しかありません。

そこで、自治基本条例の制定運動を最初に提唱された松下圭一教授は、新たな自治体の最高規範と通常の条例とを区別するに当たって、自治体の最高規範を自治憲章とは呼ばず、これを自治基本条例と呼ぶことにせざるを得なかったのです。制定権が賦与されているのは条例と規則しかありませんでしたので、このうちの条例に基本を付加して、基本条例と称することにせざるを得なかったのです。

この自治基本条例の制定運動が広く数多くの自治体に波及していって、この自治基本条例を「自治体の最高規範」、「自治体の憲法」のごとくに取り扱う慣例が広く定着していった時点で、これを国の法制度上も公認されたものにまで高めていこうとする気運が盛り上がったとき、そのモデル、その先例になり得るのは、アメリカ合衆国の相当数の州にみられる自治憲章制度しかありません。したがって、日本国憲法の制定過程では日本国政府側が導入を拒絶した制度ではありますが、改めて憲法改正をして、自治体に自治憲章制定権を賦与する、そして自治体が制定する条例・規則はすべて自治憲章に違反しない範囲内のものでなければならない旨を明記することにするのが、一番正々堂々たる新制度の採用ということになるのです（なお、この自治憲章制定権を広域自治体である都道府県にも賦与するのか、それとも基礎自治体である市町村にのみ賦与するのかは、慎重な検討を要する)。

しかし、この方策は憲法の改正を大前提にしている方策なので、それだけでも実現は容易でありません。しかも、きわめて例外的なアメリカ型の自治憲章制度を正々堂々と導入しようとする案に多くの国民の支持を期待するのは、いまでもきわめてむずかしいことなのではないでしょうか。その意味で、この第一の方策の実現可能性は極めて低いと言わざるを得ないでしょう。

2　地方自治法改正で自治体に自治基本条例制定権を賦与する方策

次には、憲法改正を要しない方策を考えます。自治基本条例の制定運動が多くの自治体に波及し、それぞれの自治体がこの自治基本条例を「自治体の最高規範」として運用していく実績が積み上がっていったとき、この現実を直視し、これを国が公認する法制度にまで高める方策は、憲法の改正のみに限られるものではないように思われます。すなわち、第二の方策は、地方自治法のみの改正で、普通地方公共団体が制定できる法規範の種類を現行の条例と規則の二本立てではなく、基本条例と条例と規則の三本立てに改め、条例及び規則は基本条例に違反しない限りにおいて制定できるものと定めれば、基本条例と条例・規則の優劣関係が明確になります。

この第二の方策の方が実現可能性ははるかに高いと思われます。しかし、この基本条例もまた、条例・規則と同様に国の法令に違反しない限りにおいて許容されるものであることに変わりはありませんので、この地方自治法の改正に当たっては、基本条例の法制度化にとどまらず、自治体の政治の仕組みに関する国の法令による種々の縛りを大幅に緩め、自治体が自己組織権を行使する余地を大幅に拡げさせる地方分権改革が進まないと、自治基本条例の制定権が法制度化されても、この正式の自治基本条例に定められる中身は、現在の自治基本条例のそれと大同小異のものに止まってしまう恐れが残ります。

3　憲法第九五条の地方自治特別法制度を活用する方策

最後の方策は、憲法第九五条の地方自治特別法制度を活用する方策です。自治基本条例に定められる主たる事項は、アメリカの自治憲章制度と同様に、自治体の政治の仕組みに関する事項と自治体の所掌事務の範囲の拡張に関する事項になるであろうと思われます。その主眼が自治体の所掌事務の範囲の拡張、すなわちこれまでは国や都道府県の所掌事務に属していた事務権限の市町村への移譲に置かれる場合には、憲法第九五条の地方自治特別法制度を活用する方策も十分に検討に値します。

ここで、話は少し横道に逸れますが、アメリカ合衆国の各州で独自に発展した地方自治特別法制度がたどってきた歴史をみておきたいと思います。一九世紀のアメリカ合衆国は「地方自治の暗黒時代」と称されています。なぜなら、当時のアメリカ合衆国はヨーロッパ諸国から大量に流入してきた新しい移民たちを巧みにみずからの政党の支持層に組織化し、その政党組織のボスが市政を完全に支配し、政治腐敗が横行していたこと、そして第二に、こうした都市自治体の市政に介入するために、各州の州議会が単独の都市自治体のみを対象にした州法を制定するという事態が多くの州で頻発していたこと、この二点にあります。

この種の州法をspecial acts（特別法）と呼んでいました。この種の特別法が横行したのでは、都市自治体の自治権など無いに等しくなるということで、猛反発があちこちの自治体側からおこり、やがて地方自治を擁護しようと考える人々によって、州憲法に州議会がこの種の特別法を制定することを禁止又は制限する条項を創設させる請願運動が展開され始めたのです。そして、徐々にこの請願運動に応えて特別法の禁止又は制限条項を州憲法に導入する州が増え始めました。こうした動向のなかで、特別法の制限条項を創設した多くの州で採用された方式が、州議会がこの種の特別法を制定しようとするときは、州議会でその法案を可決した後にその法案を当該都市自治体の住民投票に付し、その有効投票の過半数の賛成を得なければならないという方式でした。ＧＨＱの「マッカーサー草案」が導入しようとし日本国憲法第九五条に結実した地方自治特別法制度は、まさしく一九世紀の後半にアメリカ合衆国の各州に普及し始めた特別法の制定制限制度を日本にも導入しようとしたものでした。

ところが、当のアメリカ合衆国では、二〇世紀に入りますと、この特別法の制定制限制度が思いも掛けなかった方向に発展していったのです。どういうことかと申しますと、この特別法の制定制限制度の発想を一八〇度逆転させ、都市自治体の側がみずから起草した自治憲章草案を住民投票に付し、過半数の賛成を得た上で、これを州議会に上程し、これを地方自治特別法として制定してもらおうとする直接請求運動が展開され始めたのです。そして、この直接請求運動に応えて特定の市の自治憲章を制定する州議会が増え始めたのです。要するに、アメリカ合衆国に独自の発展を遂げた自治憲章制度は、元来は地方自治特別法制度を逆用する形で始まった制度だったのです。したがって、アメリカ合衆国の特定市の自治憲章は、都市自治体が制定した法規ではなく、州議会が制定した州法でした。それ故に、自治体がみずから制定する各種の条例より優越した法規範だったのです。このように、当初のころの自治憲章は州議会によって当該自治体の最高規範として公認されたものだったのです。ところが、自治憲章制度が広く各市に普及していくにつれ、さらに発展し、各市が起草し住民投票で承認された自治憲章は州に届け出さえすればそれでよしとする州が増え始めたのです。

このように、アメリカ合衆国では、地方自治特別法と自治憲章は密接に関連していた制度だったのです。この事実に着目すれば、地方自治特別法制度を活用して自治基本条例をさらに一段と中身の充実したものにしていこうという発想も、決して荒唐無稽な発想ではないのです。

幸いなことに、日本国憲法第九五条は、憲法改正の場合とは異なって、この地方自治特別法の制定を発議し得る主体について何も規定しておりません。そこで、国会法か地方自治法か、あるいはその双方に、個別の自治体も地方自治特別法の制定を発議することができ、この発議を受けた国会はこれを審議し議決しなければならない旨を明記させればそれで済むのです。憲法を改正する必要は全くないように考えられます。

ただし、この地方自治特別法制度を活用して自治基本条例の中身の拡充を図るという方策は、政令市や中核市などそれなりの行財政能力をそなえた市が、都道府県や国から特定範囲の事務権限の特別移譲を求めるときには有効な手段ですが、これによって市の政治の仕組みを自由に選択することには向きません。自治体の政治の仕組みは憲法第九三条によって、長と議会からなる二元代表制の画一的な仕組みに限定されてしまっているからです。仮に将来の憲法改正によって、憲法第九三条が弾力化され、政治の仕組みに選択の余地が生じたとしても、この政治の仕組みまで中身に含めた自治基本条例を地方自治特別法の形式で制定してしまうと、この自治基本条例を改正して再び政治の仕組みを変更しようとするときも、国会の審議と議決を仰がなければならなくなってしまうという弊害が生じます。要するに、憲法第九五条の地方自治特別法制度を自治基本条例の法制化に活用する方策には、独自の長所がある反面、重大な短所もあることに留意しなければならないということです。

おわりに

本日の私の話の要点は、第一に、自治基本条例を「自治体の最高規範」であると国の法制度上も公認させる方策は、いずれも実現の容易なものではなく、その道程は「茨の道」ではあるものの、決して絶無ではないということ、第二に、自治基本条例の中身をさらに一段と拡充していこうとすれば、それには地方分権改革の更なる推進が不可欠だということ、そして地方分権改革の推進は国会の立法権との戦いであるということ、第三に、さらにもう一段高次元の自治権を獲得していくためには、憲法改正が不可欠の前提になるということ、以上の三点です。

最後に、念のために申し添えておきたいことがあります。

憲法というものは、主権者たるわれわれ国民が制定し、必要があれば改正していくべきものと、私は考えております。憲法は決して完全無欠のものではありません。これを「不磨の大典」としてひたすら護り抜くべきものとは考えておりません。このことは、「自治体の憲法」である自治基本条例についても言えます。いずれの自治体の自治基本条例についても、現行の自治基本条例は決して完全無欠のものではありませんので、その制定権者である市民は護り抜くべき部分は護り抜き、足らざる部分は補い、時代と状況の変化に応じて改正してゆくべきものと考えております。

しかしながら、憲法にしても自治基本条例にしても、いついかなるときに、その改正を求める言論を始めるべきなのか、あるいは改正の動きが表面化してきたときに、この動向に対していついかなる状況の下で強く反対の意思表示を始めるべきなのか、これはきわめて重要な判断、そしてきわめてむずかしい判断ですので、幾重にも慎重に熟慮に熟慮を重ねて対処していただかなければなりません。

私自身は、現在の政権下で憲法改正作業に着手すると最悪の事態を招く可能性が高いと判断しておりますので、私自身はもう少し辛抱強く好機の到来を待ち、「いまだ！」と思うときがきたら、憲法改正を求める言論を始めたいと考えております。それまでは、いかに不便であっても、現在の日本国憲法の枠内で実現可能な改革を一つ一つ地道に積み重ねてゆきたいと考えております。

長時間にわたってのご静聴、ありがとうございました。

（本書は、二〇一八年五月三一日、公益社団法人北海道地方自治研究所設立五〇周年記念講演の記録に補筆しています）

学習資料　第Ⅰ集
「現代地方自治講座」講演記録

憲法と地方自治

西尾　勝

編さんに当たって

一九七三年から行われている「現代地方自治講座」は、回をおうごとに参加者がふえ、道内自治体関係者の関心の的となっています。そしてこれまで参加された方々や、当日どうしても参加できなかった多くの方々から是非講義録をつくってほしいという希望がよせられています。そこで地域、職場での学習活動・研究活動に供するため、「現代地方自治講座」の講義録を中心にして学習資料シリーズを発行することになりました。

さて、この学習資料シリーズの第一号として一九七六年八月釧路市福祉会館で開かれた「第四回現代地方自治講座」における西尾講師（東京大学教授）の講演「憲法と地方自治」を収録いたしました。この講演は、現憲法と地方自治に関して全く新しい視点から問題を提起されたもので、きわめて重要な示唆を投じたものであります。

西尾講師は、講演の結語において、「憲法の地方自治条項につき、若干の論点に関して、私なりの見解をのべてみたのであって、もちろん論点はこれに尽きるものではない。……これは一つの見方にすぎないのであって、論証の仕方は決して完全でも十分でもない。……したがって自信をもってこのことを世間に公開するのはまだまだ先のことである」という意味の断りの言葉をとくにつけ加えております。しかし、われわれが憲法と地方自治に対する基本的な認識を深めるために、ここに提起された論点の重要性を考え、講演要旨記録を小冊子にまとめました。「公開の段階ではない」という講師の断りの意を念頭におきながらも、あらためて憲法と地方自治における問題の所在を認識するために、研究を深める重要な資料になることを願ってやみません。

なお、この講演要旨は、講演テープを忠実に要約したものですが、文脈・文意のとりちがえ等、一切の文書責任は当研究所にあります。

一九七七年五月

北海道地方自治研究所

目次

1　序

―「日本の地方自治」と「市民自治の憲法理論」

今日は、少し私らしくなく大上段に議論をしていこうと思っています。当初、私に与えられたテーマは、「市民参加と政策形成過程」であったのですが、少々勝手にテーマを変えさせていただきまして、「憲法と地方自治」というテーマにしていただいたわけです。

私は、大学では行政学を講義しており、広く申しますと政治学の一部門、政治学者のはしくれでありまして、決して法律学者ではございませんし、まして憲法学者ではございません。それにもかかわらず、どうして「憲法と地方自治」といった法律学者が論じるようなテーマを選んだかということでございますが、この点について若干説明しなければならないと思います。

もちろん私なりの理由がありまして、一つには日本の政治学者は、これまでかなり長い間「憲法学」というものを憲法学者に任せて参りまして、政治学者は憲法理論を自ら展開しないできたわけであります。政治的なものは、政治学者は論じますが、決して憲法理論を論じようとはしなかったわけであります。

昔の政治学は国家とは何であるかといったような、国家論の色彩が非常に強いものだったわけですが、そういった国家論であるとか、統治構造論、国と地方自治体との関係、あるいは内閣と国会の関係、といったような問題は、政治学の世界では古めかしいカビの生えたテーマである、というような風潮が強かったわけです。

私は、これは非常におかしいのではないかというふうに思い続けて参りました。憲法解釈学は、法律学者の問題かもしれませんが、少なくとも憲法解釈を支える原理的な憲法理論は、政治学者の扱うべき領分ではないか、というふうに考えてきたわけであります。そして、日本の憲法学者は、憲法解釈学は行ってきておりますが、憲法理論を大真面目に論じようとはあまりしておりません。そうであればなおさら、空白を埋めるためにも、政治学者が憲法理論を展開することは、義務でもあり責務でもあるのではないか、というふうに考えてきたわけであります。

その点で、最近、法政大学の松下圭一教授が非常に積極的に—彼は政治哲学を経た政治学者でありますが—法学的思考というものを問題にしまして自らの憲法理論を論じはじめているわけでありまして、このことは非常に理にかなったことではないか、というふうに評価してきたわけであります。

そこで私自身も、一人の政治学者にちがいないわけであり、あるいは市民参加について論じたりする人間でありますから、私自身の憲法理論を展開していきたいと感じたわけです。それが第一の理由であります。

第二の理由は、私はこれまで主としてアメリカの都市行政について勉強してまいりました。その過程で、アメリカの地方自治は非常に独特なものであるという印象を、強くもったわけであります。

しばしば、ドイツ型、フランス型という大陸型の地方自治と英米型の地方自治などと申しまして、イギリス、アメリカというのは基本的に共通した型であるといわれておりますが、この英米を比較した場合でも、アメリカの地方自治は非常にユニークな、きわめて独特なものであると感じてきたわけです。ただ日本の法律学者の中には、これは憲法学者も行政法学者も含めまして、公法学者の中には、アメリカの地方自治について本格的に勉強した人がほとんどおられません。日本の地方自治とイギリスの地方自治を比較したり、日本の地方自治とドイツの地方自治を比較する人はかなりたくさんいるわけですが、日本の地方自治とアメリカの地方自治を比較しようという法律学者は非常に少ないわけです。ほとんどいないといっていいくらいです。

これに比べますと、政治学者のなかでも、行政学者の中には、アメリカの地方自治について紹介したり勉強したりしておられる人が何人かおられるわけです。けれどもこれが、日本の公法学者の地方自治論とはうまくかみあってこなかったように思うわけです。日本の政治学者、行政学者が、アメリカの地方自治とはこういうものだということをいくら紹介したり論じたりしましても、日本の公法学者が展開する地方自治論と、うまくかみ合わなかったということがいえます。いったいどうしてそういうことになってしまったのかということが、一つの問題であります。

それは、アメリカで地方自治について書かれている書物とか論文は、ほとんど政治学者が書いたものであるわけです。日本の政治学者がアメリカの地方自治を勉強したり、それに基づいて日本に紹介したりするものとをたどっていけば、これはほとんどアメリカの政治学者が書いたものが土台になっているわけです。

一方、アメリカの地方自治の法律理論というものは、これまでほとんど紹介されておりません。これはアメリカの場合には、州によって地方自治制度が違いますし、一つの州の中でも、多様な地方自治制度が運用されておりますので、アメリカの地方自治制度とは何かということを一言できかれると、こたえるのはきわめて困難なことです。日本の地方自治法のような法律が存在するわけではありませんし、その地方自治法を解説すれば、アメリカの地方自治の骨格がわかるというような仕組みになっていないわけですから、地方自治をめぐる法律理論の問題は、もっぱら法律専門家、弁護士そして裁判所の問題になっているわけです。そういう専門家の間では、判例集全二十何巻といったような形で法律理論というものがありますけれども、ごく一般にでている論文、著書の中には法律理論はほとんど存在しないわけです。そこで日本にも、アメリカの地方自治の法律理論がほとんど入ってきていない。そのために日本の法律学者、公法学者の理論と、どうしてもこれがかみ合わないという現象が生まれてきているわけです。

したがいまして、日本での議論をもう少し生産的にするためには、アメリカの地方自治の法的な状況、法律学的な理論構成を明らかにする必要があると思われるわけです。これはかなり大変な作業でありますが、誰かがしなければならない問題だと思っているわけです。日本の法律学者がこういう仕事をしてくれないならば、政治学者が法律論までやるのはきわめて冒険であるわけですが、われわれ政治学者がそれをしなければいけないのではないか、こう考えてきたわけであります。

そしてこのことは、日本国憲法の地方自治の問題について論じていくうえで、不可欠の作業なのではないかと私は思っているわけです。

なぜかと申しますと、この日本国憲法は、ご承知のとおり、戦後、ＧＨＱと当時の日本国政府のやりとりの中で作られたものであります。この中の九二条から九五条までの四カ条の地方自治に関する条文は、アメリカの地方自治制度の影響が強くでているわけでありま す。したがいまして、地方自治の憲法理論を展開し、憲法解釈を行うのであれば、アメリカの地方自治の憲法理論をまず理解することが、一つの欠くことのできない前提になるのではないかと思うわけです。

それにもかかわらず、日本の憲法学者あるいは行政法学者は、依然としてドイツで形成された法理論を土台として日本の地方自治の理論化を試みているわけであります。もちろん日本の憲法を解釈するにあたって、ドイツの法理論を使ってはいけないということはありません。日本の法律を解釈するにあたって、どういう理論的な武器を応用しようと、それはいっこうかまいません。それからまたアメリカの影響を受けたものだから、アメリカの法理論を土台にして解釈すべきだというわけでもありません。そんなことをいうつもりは毛頭ありません。けれども日本国憲法の地方自治条項が、アメリカの地方自治制度の影響を強く受けているものである以上、もう少しアメリカの地方自治についての法学的研究がなされてもよかったのではないかと思うわけです。そして、アメリカの地方自治に関する法学的な研究が、日本の憲法を解釈する際の一つの参考資料とされても当然だったのではないか、自然だったのではないかと思うわけです。

そこで、これまでわが国でいろいろいわれてまいりました地方自治理論のパターン、型を破る少し斬新なものの見方を生み出すために、一度アメリカの地方自治制度を土台にして、あるいは、それを下敷にして、日本の憲法を重ねてみて、日本の憲法を読み直してみてはどうだろうか。そのことにある種の意義があるのではないかと感じていたわけであります。これが第二の理由であります。

第三の理由でありますが、最近地方自治に関する岩波新書が二冊、続いて刊行されております。一つ私の恩師である辻清明教授の書かれた『日本の地方自治』であり、もう一つは松下圭一氏が、これまで発表されたものをまとめて出した『市民自治の憲法理論』であります。私はこの二冊を並べて熟読したわけでありますが、その結果どうしても憲法と地方自治について私なりに論じてみたくなったわけであります。

簡単にその理由を説明いたしますが、まず私の恩師である辻清明教授の新しい著書『日本の地方自治』。これは非常にすぐれた本であると思っております。おそらく今後かなりの期間にわたって、これは一つの古典として読み続けられる本になるであろうと思います。ところで辻清明教授は、戦後すぐ、私くらいの年齢か、もう少し若かったのではないかと思いますが、地方自治法が制定された直後に「地方自治の近代型と日本型」という論文を書かれております。この論文は、教授の著書である『日本官僚制の研究』の中におさめられています。この昔書かれた「地方自治の近代型と日本型」という論文と、今回の著書『日本の地方自治』を両方読み比べてみますと、二つの間には、基本的に変っている点とまったく変っていない点の二つがあることに気づかれると思います。教授の考え方の変っていない面から申しますと、次のようなことがいえます。

まず法律学者の地方自治論には、地方自治の権原、権能というものが、地方公共団体に固有のものか、それとも授権されているものかという、いわゆる固有説と伝来説という議論があります。この点について辻教授は、前の論文でも今度の著書でも論じておられます。辻教授は、問題は法形式ではない、地方自治と国家との関係の実態であると述べられている。そして、地方自治の伝統が強くて、国家がこれを認めざるをえなくなっているのか、それとも地方自治の伝統が非常に弱くて地方自治がまさしく国家から、つまり上から与えられた形になっていて、中央による権力的統制がなされているのかどうかという点にあるのだと論じております。法形式ではなくて、問題は実態であるというわけです。つまり教授のことばでいいますと、集権と分権という二つのものの調和のさせ方にある、その集権と分権の調和のさせ方にあるのだというわけであります。

こういうものの考え方は、前の論文でも今度の著書でも基本的に全く変っていません。けれども、今度は違う面でありますけれども、微妙に違ってきている面ですが、昔の論文では、集権と分権の調和のあり方として、日本では一方で明治以来の中央による権力的な統制というものがあった。この中央による権力的な統制というものを打破しなければならない。しかし他方では、今日の地方自治というものは、古典的な地方自治にたちかえることはできないのであって、完全に独立的な地方自治というものを夢みることはもはやできないのである。そういう意味である程度の中央集権に服従しなければならない。現在の地方自治体というものは、ある程度の中央集権化傾向に服従しなければならない、という点が強調されているわけであります。

一方では、中央による権力的な統制を打破しなければならないという課題があると同時に、さりとて古典的な地方自治にもどることはもはや現代では不可能であるというもう一つの課題がある。これをどう調和させるかということが、現代の地方自治の問題であるといわれるわけであります。問題はその中央集権の具体的なあり方が、権力的な集権であってはならない。知的な集権、知識の集権でなければならない。つまり、中央政府は自治体に対して情報を提供するとか勧告をするとか知恵をさずけるといったような面で、リーダーシップを発揮しなければならない。そういう種類の中央集権化は、現在不可避である。ただそういう集権というものが、権力的な集権であってはならないのだと論じられている。そしてイギリスの政治学者であるJ・S・ミルの有名なことばをここで引用されるわけですが、どういうことばかといいますと、「権力は地方分権化されても、知識は集権化されなければならない」ということばです。このことばを辻教授は好んで使われまして、権力的分権と知識的集権こそが近代型地方自治のモデルであると論じられるわけです。そして辻教授自身の論文の中で、この知識的集権ということばはいろいろなことばにときどきおきかえられます。例えば、新中央集権ということばも使っておられますし、あるいは社会的中央集権ということばも使われております。

そしてちょうど戦後京都大学で行政学を担当しておられました長浜政寿教授が書かれた本に『地方自治』という本がございますが、この長浜教授の地方自治の論じ方もほとんど辻教授と同じであります。集権と分権の調和こそが課題である。そして現代の地方自治においてはある種の中央集権化傾向は避けられないのである。そのもとで自治と調和をさせなければならないのであるということで新中央集権ということばが使われているわけです。つまり日本の行政学者は、戦後すぐの時代にすでに地方自治の民主化ということを強く主張すると同時に、新中央集権の必要性というものを否定してはいけないということも同時に強く主張しておられたのであります。しかしながら、その後の行政学者たち、つまり長浜教授のお弟子さんであるとか辻教授のお弟子さんたちは、どちらかといいますと新中央集権とか社会的中央集権とかいうようなことばをあまり使わなかった。自分たちの師匠が使ってこられた、作りだされたこの新しいことばを、あまり強調はしませんでした。むしろ地方自治の民主化という局面を一貫して主張し続けたわけです。町村合併を批判したり、あるいは道州制論を批判したり、あるいは三割自治の実態を告発したりということに、行政学者のエネルギーが注がれていました。そして新中央集権とか社会的中央集権とかいったことばは、実はその後の行政学者たちはあまり使いませんでしたのに、別の分野の人たちは好んで使いました。それは憲法学者であり行政法学者であり、それからまた自治省などの行政実務家であり、彼らはこのことばをしばしば使っていたわけです。その時々の地方自治制度解釈を正当化することばとして使ってまいりました。新中央主権はある程度時代の要請なのであるとうたってきたわけです。その意味で、このことばの生みの親として、新中央集権ということばに行政学者は一つの責任を負っているわけであります。

ところで今回の辻教授の著書を読みますと、強調の仕方、力点のおき方が微妙に変ってきているということがわかります。現在の地方自治の根本問題は、集権と分権の調和であるという点では全く変っておりませんが、むしろ新中央集権という側面を強調するよりも分権化をさらに徹底しなければならないという側面を強調しておられることがわかります。そして新中央集権とか社会的中央集権、知識的集権といったことばは一切使っておりません。これに代えまして、現代の地方自治の機能には、抑制の機能、媒介の機能、参加の機能の三つの機能があるのだということを説明しておられます。こういった辻教授の論文にみられます変化、これは非常に微妙な変化ではありますが、非常に決定的な変化であるといわなければなりません。

いうまでもありませんが、最近わが国だけではなく、先進資本主義諸国に一般的にみられることでありますが、分権化と自治化という新しい傾向、あるいは分権化と参加の拡大ともいうわけですが、先進資本主義諸国に、程度の差はそれぞれありますが、いずれにも共通する分権化と自治化の方向、分権化と参加の拡大の方向というものを反映したものだということができます。辻教授は、最近のそういう諸外国の方向をかなり紹介しておられるわけであります。こういった意味では、こんどの辻教授の地方自治論は、市民自治が語られだした、あるいは市民参加の重要性が叫ばれだした時代に即応したものですが、ある意味で、時代の流れにのってまた一つ新しい脱皮をされたものだということができます。そういう意味で、われわれ弟子からみますと非常に新鮮な感じがするわけであります。その新しい著書は、明治以来の日本の地方自治観、地方自治についての見方、考え方を、非常に簡潔にしかも的確に、整理要約をしておられまして、それと同時にこういった世界的に見られる新しい流れ、新しい考え方というものを吸収しておられますので、きわめてすぐれた書物であります。また、その限りでは松下氏が書かれた『市民自治の憲法理論』と共通する流れにのっているということができます。

けれども私には、自分の恩師の著書ではありますが、率直に申しまして、この新しい著書には現代のもっとも新しい理論的な問題を避けているというふうに思われるわけであります。この点は松下圭一氏の著書『市民自治の憲法理論』と、辻教授の『日本の地方自治』を比較対照して読んでごらんになれば一見して明らかです。ここではもちろん違いは無数にあるわけですけれども、二つの点に着眼していただきたいと思うわけであります。松下氏の方では、まず第一に「国家」ということばを使うことを極力避けるようにしておられるように私には思われます。そして国家ということばが使われている学説にぶつかりますと、これに対して常に非常に深い疑いの目をむけているということができます。これが第一の点であります。第二に、松下氏の場合には、自治体は市民によって独自に直接信託された政治責任をもっている団体だということであります。いいかえますと、自治体というものは、国会とか内閣とか最高裁判所などと並んだ対等なものとして、国民から直接信託されている政治機構であるというふうにいっている点であります。これが第二の点であります。

この二点が辻教授の地方自治論と根本的に違う点だというふうに思われるわけであります。辻教授の新しい著書では国家という概念が頻繁に使われております。自治体は国家を構成する部分団体である。国家というのが一つの全体であるとすると、自治体・地方公共団体というのは、その中の一部分を構成する部分団体であるということは当然視されています。これを自明の前提とされています。あるいはまた法形式からみれば、自治体は国家法を権限根拠とすることを、当然のこととして認めておられます。少なくとも法理論としては、伝来説、自治の機能は国家から伝わってきている、国家から授けられているんだ、という説を承認しておられるというふうに考えざるをえないような言い方が随所にみられるわけであります。その限りでは、若干不当な評価かもしれませんが、辻教授の地方自治論は、かつての美濃部達吉教授の自治理論とほとんど変りがないということができます。つまりかつての憲法学者美濃部達吉教授はこういうことを書いておられるわけです。「凡て自治体は、国家の之を認むるに依りて始めて成立するものにして、国家以前に自治体あることなし。自治体の義務は、およそ国家より分配を受けたるものにして、自治体に初より固有なる事務あるべき理由なし」（『改正府県制郡制要義』）というふうにいっておられるわけですが、法理論としては、この考え方と辻教授の考え方は、基本的に共通しているということができます。これに関して松下氏は、これらの理論に登場してくる国家という概念に深い疑念の目をむけているということができると思います。国家と自治体の関係をどう理解するか、これは最近の地方自治をめぐる憲法理論の核心になっているテーマであるというふうに思うわけです。松下氏はしつこく非常に執拗にこの問題に取り組み続けておられる。ところが辻教授は、そのテーマをいともあっさりと無視しておられます。ここに最大の問題点があるのではないかと思うわけであります。

そこで私は、今日は勇猛心をふるいおこしまして日本国憲法に書かれている地方自治関係の条項をアメリカの地方自治制度と比較対照しながら読みなおしてみたいと思うわけです。

2 国民主権と国民国家と国

さっそく本題にはいっていくことにいたしますけれども、最初の基本的な論点は国民主権と地方自治の関係の問題であります。改めて申しあげるまでもありませんが、日本国憲法（新憲法）と大日本帝国憲法（旧憲法）の章のたて方を比較してみたときに、旧憲法に全くなくて新憲法にだけある章は三つしかありません。つまり第二章の戦争放棄の章と、第八章の地方自治の章、第一〇章の最高法規の章の三つの章しかない。旧憲法の場合には、第一章は天皇と題されていたのが、新憲法ではそのまま天皇、旧憲法第二章の臣民権利義務は新憲法第三章の国民の権利及び義務、旧憲法第三章の帝国議会は新憲法第四章の国会、旧憲法第四章の国務大臣及枢密顧問は新憲法第五章の内閣、旧憲法第五章の司法は新憲法第六章の司法、旧憲法第六章の会計は新憲法第七章の財政、旧憲法第七章の補則は新憲法第九章の改正と第一一章の補則に変ったということができます。もちろん内容は基本的に変っているわけですが、章のたて方としてはほとんど一致しているわけです。その中で全く旧憲法になかった章は、第二章の戦争放棄と、第八章の地方自治と第一〇章の最高法規の章であります。この三章だけであります。このことだけからみましても、新憲法の中に新しく地方自治に関する章が設けられたということが、いかに重要なことであるかを察しなければならないと思われます。

それでは憲法の中に地方自治に関する条文がはいったということは、いったい何を意味しているのかということであります。さきほど私はアメリカの地方自治の法律理論を念頭におきながら、日本の憲法をちょっと見てみよう、そういう角度から見てみようというふうに申しましたが、そういう点から申しますと、最初の手がかりに使えるのは日本国憲法の英文を見てみるというやり方であります。これはどちらが本文であるかあやしいのですが、日本の憲法ですから日本語で書かれているのが本文であると思われます。しかし、どの小六法にも必ず英文の憲法がのっております。当初ＧＨＱと日本国政府のやりとりの中で英文と日本語文と両方作り上げられたわけです。この二つを照らしあわせて一行一行読んでみます。そうしますと、非常に微妙な違いがある。この微妙なことば使いの違いが、非常に決定的に重要な点なのではないかという感じがするわけであります。

最初の問題は、国・国家といったようなおよそ国という字のついたことばを憲法の中から拾ってみる。そうするとただ国というのもありますし、国家というのもありますし、国民も出てきます。さらに国権というのもありますし、国政ということばも出てきますし、国事ということばも出てきます。こういう国という字のついた日本語が出てくるところを、いちいち英文を見ていきます。英文で何といっているかを見ていくのが最初の手がかりになるのではないかと思うわけです。

国民（the people）が主体になって形成する国民国家（the nation）と、一般に国とか中央政府などと称しますnational government とか central government あるいはthe state と呼ばれるものを厳密に区別しなければならないと思われるのであります。私は国家ということばを使うのがあまり好きではありませんので the nation は国民国家ということばにいたしますが、この国民国家ということばの中には中央政府も地方政府も含まれている。さらにこういった government（統治機構）だけではなく、あらゆる国民経済活動、国民生活までふくめまして、そういったものを総称するのが the nation（国民国家）であります。そしてもう一つの the state ということばは the nation（国民国家）の中の中央政府だけをさすものです。この点は英文の憲法を丹念にごらんになっていただきますと、この区別が日本語文のものよりも非常にはっきりしていることに気づかれると思います。英文憲法の方をみますと主権者である国民の総体をさすときには the people ということばを使っておりますし、この国民が形成する国民国家のことを the nation というふうに呼んでいます。そしてこの nation の中の統治機構全体を指すことばとして government ということばを使っています。そうでないところが一、二カ所ありますが、その場合には the state and public entity（国及び公共団体）と呼んでおります。そうでなければ一言でいう時には government といって、国と地方公共団体全体を指しているということがわかります。そして中央政府だけを指すときには the state ということばが使われているということがわかると思います。こういう結論が成り立つといたしまして、もう一度憲法を見直していこうと思います。

まず前文を見ますと、有名な一節でもあります「そもそも国政は、国民の厳粛な信託によるものであって、その権威は国民に由来し、その権力は国民の代表者がこれを行使し、その福利は国民がこれを享受する」という文章があります。これはいうまでもなく国民主権の原理をうたいあげた部分であるわけですが、この出だしの国政とは一体何なのかということで、英文のこの部分をみますと Government is a sacred trust of the people となっていまして、ここでいう国政ということばは government が使われているわけであります。さきほど申しましたように government は中央政府と地方公共団体の両方を指すときに使われているという理解でいきますと、ここの場合の国政はいわば政治はといったくらいのことでありまして、政治は国民の厳粛な信託によるものであって云々というに等しいわけです。つまりここは非常に重要なところ、大切なところでありますが、主権者である国民は、この憲法の制定を通して国と地方公共団体の双方に政治を直接信託したと解釈することができます。国民は、はじめから国と地方公共団体という二つの種類の政府を government として設けたということができるわけです。だから国は、中央政府（central government）は地方公共団体を勝手になくしたりコントロールしたりすることはできないものであります。だからこそ憲法の中に地方自治に関する章が設けられているわけです。地方自治は固有のものか、それとも国家から権限を与えられてはじめて成り立つものか、という視点をめぐりまして固有説と伝来説という学説があることは先ほど述べたとおりです。そして法律学者の中の多数意見といたしましてはご承知のとおり国家から権限をさずけられてはじめて成り立っているのだという伝来説が多数になっていることはご承知のとおりであります。しかしここで、国家から権限を授けられているといういい方をするときの国家というのは、いったい何を指しているのかという問題であります。この点を曖昧にしておきますと、いつのまにか地方自治というのは中央政府から権限を与えられてはじめて成り立っているのではないかというような重大な誤解が生まれるわけです。しかしそれは断じてそうではないと思います。もしも地方自治が、権限を与えられてはじめて成り立つといういい方をするのであれば、それは国民国家（the nation）から権限を与えられている、いいかえれば主権者である国民（the people）から権限を与えられているのでありまして、決して the state（中央政府）から授権されているのではありません。もっと正確にいえば、地方自治というものは、主権者である国民から信託されている独立の government だということであります。国とはじめから対等の関係にある government だということであります。

憲法はまず国民国家（the nation）の形成を宣言した。つまり国民国家の独立を宣言した。ついで国民国家の統治機構として国と地方公共団体という二種類の governmentをつくった。その後で国つまりthe stateの機関として国会と内閣と裁判所をつくったというふうにいうことができるわけです。前文の国政がgovernmentになっているというところから、いきなりここまで議論を進めてきたわけですが、これだけでは若干証拠が曖昧、薄弱であります。そこでもう少し同じような論法で憲法の中から証拠を探してみることにしてまいりたいと思います。第四一条は国会について定めた条文でありますが、ご承知のように「国会は国権の最高機関であって国の唯一の立法機関である」と述べているわけです。ここでいう国権とはいったい何であるかということであります。あるいはその次に出てくる国の唯一の……というときの国とはいったい何であるのかということであります。新憲法では国権ということばは二カ所にしか使われておりません。一つは第九条の戦争の放棄のところで使われている国権の発動というところです。もう一つは第四一条で使われている国権の最高機関という部分であります。この二カ所にしか国権ということばは出てまいりません。ところが日本語でいいますと両方国権なのでありますが、英文でみますとこの二カ所に出てくる国権ということばは全く違うことばであります。第九条の国権はa sovereign right of nationということでありまして、いわば国民国家の主権的権利、主として対外関係、国際関係を念頭においたものでありますが、国民国家の主権的権利と訳せるようなことばが使われているわけです。これに対しまして第四一条では、日本語では同じ国権でありますが、英文の方は何とかいてあるのかといいますとthe highest organ of state powerと書いてあります。そして次の国の唯一の立法機関というところはthe sole law-making organ of the stateとありまして、いずれもstateということばが使われていてnationということばは使われておりません。中央政府の最高機関であり唯一の立法機関であるといっているにすぎないことになります。同じように天皇の行う国事行為についても英文ではmatters of stateといっていますからすべて中央政府の事務の範囲に限られます。

ところが、憲法学者と行政法学者の通説といえば、自治体の条例制定権は国の立法権の一部委譲であるといわれています。したがいまして第九四条に法律の範囲内で条例を制定することができるという条文があるわけですが、この第九四条は第四一条の特例規定、例外規定であると位置づけられている。つまり第四一条の考え方でいえば、国会だけが唯一の立法機関であると書いているのに、地方自治体に条例制定権という形の立法権を一部にしろ認めているのは、第四一条の例外規定であるという考え方になるわけです。原則として国会だけが立法機関であるとしながら、第九四条で条例制定権を認めているのは特例規定であると解釈されてきたわけであります。しかしもし、私がいま述べてきたような読み方をしたといたしますと、第四一条の趣旨は中央政府の立法権のことだけを書いていて、この第四一条と第九四条は何ら矛盾するものではなく、全く別問題として成り立っている条文であると考えなければならないのです。国民はいわば政治の機能を国と地方公共団体の二つに分けて与えたということができるわけであります。

もっとひどい議論をする人は地方公共団体による地方自治権は立法権の委譲ではなくて内閣の行政権の一部を委譲したものではないかという人さえいます。そういう人に対してそれでは第九四条にある条例制定権はいったい何になるのかと聞いてみますと、条例制定などというのは立法権などという大それたものではない。それは地方公共団体が行政をすすめていくにあたって行政権に付随した規則制定のようなものにすぎないという人さえおります。これはとんでもない間違いだといわなければなりません。この点をしっかり認識しておくことが、地方自治に関する憲法理論の出発点ではないかと考えるわけであります。

このように申しますと、おそらく次のような疑問が出てくると思います。いったいそれでは、憲法は国と地方公共団体というものを、完全にお互いに独立したものとして作ったのだろうかと。それにしては憲法の条文にはいろいろおかしなものがあるのではないか。こういう疑問です。つまりどういう点かと申しますと、地方自治に関する条文をみていきますと、いちいち法律の範囲内でということばがあったり、法律の定めるところによりということばが入っていたりするわけです。ということは、法律というものは国会で作るものに限定しているわけでありますから、地方自治に国会が介入する、干渉するということを認めた条文であると言うことができるわけです。これではお互いに独立なものとしてつくったにしてはおかしいのではないか、中央政府の機関にすぎない国会が地方自治に介入できるようになっているではないかという疑問です。もう一つ同じようにあげることができますのは、国の機関の一つにすぎないはずの最高裁判所が、自治体の仕事についてまで審査権をもっているということは、いったいどういうことなのか。地方公共団体と国が相互に独立なものとしてつくられたのであれば、国の機関である最高裁が地方自治に干渉することはおかしいではないか、こういう疑問であります。私はこの点を次のように考えたいと思っております。憲法はまずgovernmentすなわち政治を行う機能を国と地方公共団体の二つにわけている。その上で国と地方公共団体の間に、check and balance（抑制と均衡）を設けたのではないかと考えます。三権分立に関して中学校以来教えられていることですが、内閣と国会と最高裁判所の三権の間にcheck and balance（抑制と均衡）のしくみがつくられている。三権の間にお互いにcheck（抑制）しあう関係がつくられているということを教えられてきております。けれども、それと同じように、国と地方公共団体の間にもcheck and balance（抑制と均衡）の関係をつくりあげたのではないかと考えるわけです。だからちょうど国会と内閣の間と同じように、国会が立法権を通して、法律制定を通して地方自治に介入するようになっている、こう理解するわけです。

しかし重要なことは次の点にあるわけです。それは国会も内閣も最高裁判所も、つまりcentral government（中央政府）は地方公共団体に無制限に介入したり、これを意のままにコントロールすることが国民主権にもとづく信託という憲法の理論構造からいって決して許されないという点であります。この制約がいったい具体的にはどこまでなのかということが次に問題になるわけですが、この点を憲法ははっきり書いておりません。空白になっているわけです。この空白になっている部分は、いわば憲法イメージで穴埋めしていかなければならないということになります。私は憲法の趣旨は国民国家としての統一をたもったうえで、必要な限度で国の機関である国会とか最高裁判所による地方自治への介入が認められると考えるわけです。国民国家としての統一を保っていく上で、必要な限度で地方自治相互の調整をはかる範囲内で国の機関の地方自治への介入が考えられるわけです。

3　地方自治の本旨

そこで第二の論点に移ることにいたします。それは第九二条の地方自治の本旨についてです。私がいままで申してきたようなことは、第九二条の地方自治の本旨に基づいてという点に表現されているのではないかという人があるかもしれません。地方自治に対する介入の限度は地方自治の本旨ということばの中に出てくると解釈することも可能であります。しかし私は、まず国民が国と地方公共団体の両方に政治を直接信託したのだということ、そしてこの事実に伴う制約がまず第一の根本原理としてあって、その上さらに国会の立法権に対する第二の制約として、二重の制約を加えたのがこの第九二条の地方自治の本旨であると考えたいのであります。ともあれ第二の大きな論点は第九二条にある「地方公共団体の組織及び運営に関する事項は、地方自治の本旨に基づいて、法律でこれを定める」という条文をどう理解するかという点であります。いいかえますと、地方自治の本旨の意味いかんということであります。これについては多くの人々によって論じられてきました。

行政学者であり私の先輩であります赤木須留喜教授は、かつて雑誌『思想』に「『地方自治の本旨』とその機能」という論文を発表されています。その中で赤木教授は憲法学者、行政法学者あるいは自治省の官僚による憲法論を一つひとつ拾い上げて検討いたしまして、結局のところ地方自治の本旨ということばは、内容が一義的に決まっていない不確定な概念である、というふうに結論づけておられます。そして、地方自治の本旨ということばがありながら、内容がいっこうに明らかでないために、それは時と場合によってあるべき地方自治の方向と内容をどのようにでも意味づけることができる万能薬の役割をはたしてきた、ということを指摘しておられます。そして地方自治制度の何年にもわたる改正が、そういう方向に流れてきたことを指摘しております。その結果、地方自治の本旨ということばは、地方自治の内容を法律によって定めるにあたって何らかの抑制の原理として役立ってこなかった、機能しなかったということを論証しておられます。

つまり法律による限り、地方自治は実際にはどのようにでも考えられてしまう可能性があるということを論証され、時の流れの中でこれを実証しようとされたのであります。そしてこの根本原因は、赤木教授によりますと公法学者たちの地方自治に関する通説というものが、新憲法による価値転換にもかかわらず、何ら変らなかったという点にあるのではないか。つまり赤木教授が好んで使われるように、憲法は変るも行政法は変らずという事態があったためだと論文を結んでおられるわけです。

しかし、先輩の著作に対して、あえて異論をたてるわけではありませんが、私は次のように考えるわけです。公法学者のいろいろな説をながめわたしてまして、地方自治の本旨は不確定概念であったということ、つまり内容がいっこう定まっていないものであったということを確認しただけでは、地方自治というものはどういうふうに努力してみても、抜け出すことのできない泥沼に陥るのだろうという現実を生むだけで、それは非常に敗北的な理論構造になってしまうのではないかと思うのであります。地方自治の本旨というものはあるべき地方自治の原理を表現している規範でありま す。ですから、その意味内容を中央官僚は自分の都合のいいようにいろいろ構築するかもしれません。しかし同じように地方公共団体側も、国民一人ひとりも、この地方自治の本旨ということばの中に自分なりの意味内容を与えることもできるわけです。中央官僚ができるのとまったく同等に、地方公共団体にもそれができるし、国民一人ひとりにもその権利があります。問題はそれぞれの立場から、この地方自治の本旨の内容を積極的に築いていく努力であると思うのです。

ある著名な行政法の老大家が、公法学者の研究会の席上、憲法と地方自治についての見解を披露されたことがあります。その際にこう言われたわけです。憲法第九二条は、第九三条、第九四条、第九五条以外に格別新しいことを定めたものではないという意見もあるけれど、自分はそうは思わない。第九二条は第九三条以下とは別の意味をもつ重要な条文である。つまり地方自治の本旨に基づいてという点に決定的な意義があると思う。ところで第九三条以下に書かれていないことで、これこそは法律で自由にできない地方自治の本旨とはいったい何であろうか。例えば憲法の中には地方自治について条文は四つあるが、残念なことに地方財政に関することは何ら書いていないわけだが、たとえば財政自治権といった点についても、一定の要件はこの地方自治の本旨に含まれていると考えるべきかどうか、この辺のところについて皆さんの率直なご意見を伺いたいと、こう言われたわけであります。この学者はもちろん地方自治についてすでに何冊もの著書を書いてこられた方ですが、この老大家にしても、この基本的な点について、地方自治の本旨というものはいったい何であるのか、その中に財政自治権のような問題が含まれるかどうかという点について自信のある定見をもっておられないわけであります。ということは、この点については誰でも自由に構想し得るほど白紙だということであります。

私自身も、残念ながらこの点については確定的な意見をもっているわけではありません。けれども、この老大家が提起したとおり、財政自治権について地方自治の本旨にあると肯定することも理論的には可能であります。例えば、地方公共団体に一定の自主財源を保障していなければ、それは地方自治の本旨に反すると論ずる。あるいは起債をいちいち国務大臣の許可にかけさせているような現行制度は、地方自治の本旨に反すると論ずることもできます。そういうふうに論じることがいかがかどうかは別にいたしまして、理論的に可能です。あるいはまた地方公共団体の長を同時に国の機関としている機関委任事務制度は、地方自治の本旨に反するという理論構成をすることもできましょう。あるいはまた地方公共団体の廃置分合を議会に任せているような現行の地方自治法は、地方自治の本旨に反していて、地方公共団体の解散、合併等の廃置分合は住民投票にかけなければならない。それが地方自治の本旨であると理論構成することも可能であると思われます。

最後に申しました合併の場合、住民投票にかけなければ地方自治の本旨に反するなどと申しますと、非常に奇異な見解に感じられる人も多いかもしれません。もちろんこういうふうに理論構成することが日本においていいかどうかということはよく考えてみる必要がありますが、しかしこれは決して奇異な考え方ではありません。第九五条で特別法について住民投票を要求しているわけですが、この規定から申しまして廃置分合を住民投票にかけるべきだと主張することはそれほどおかしなことではありません。あるいはまたアメリカの地方自治制度で確立されている慣習から申しますと、それは当然住民投票にかけられるべき事項であります。わが国の場合には国土のすべてが、いずれかの市町村に属している。地方自治を享受していない国土・国民はないというたてまえになっているわけです。そこで道州制の議論がでてきたとき、都道府県がなくても憲法違反ではない。しかし、基礎的自治体である市町村までなくしたら、それは憲法違反であるなどといわれているわけでありますが、その時にも全国民はいずれかの市町村住民になっていることを暗黙の前提としていたわけです。

しかしアメリカの場合は市町村と呼ばれているような municipality あるいは municipal government と呼ばれているものを形成している地域は、全国の一部でしかありません。こういう municipality、自治体を形成していない、自治体に所属していない国土・国民というのがあります。そういうところで、これから自治体を結成しようとするときには、まず一定数の住民の署名による申請がなされなければなりません。自治体をつくりたいという申請が州議会に出されて、州議会が自治体設立の州法なり議決を行ない、さらにその議決なり州法を住民投票にかけ、承認されなければならないことになっているわけです。ですから議会だけではできません。アメリカでは町村合併は日本のように進行しない、進められないという事情があるわけであります。地方自治を確立するということは、当該地域住民の権利ではありますが、決して義務ではないという考え方であります。国民が政治を国と地方公共団体と二つに分けて信託したからといって、すべての国民がどこかの自治体に所属していなければならないという結論は、当然の論理的な帰結だとはいえないのではないかと思います。

ただわが国では機関委任制度に基づいて市町村長まで国の機関として、末端の手足として使われていますので、いずれの市町村にも管轄されていない国民および国土があっては国の行政として非常に大きな支障が生じるのではないかと思います。日本の場合には、そういう自治体に編入されていない国民・国土を認めることがきわめて困難なしくみに作られていると思います。この論点は次のような問題にも関連しております。

地方自治の本旨というのは、住民自治と団体自治の原理のことであるという説明があります。憲法学や行政法の講義には必ず出てまいりますが、この点が、これまた公法学者の研究会で問題になりまして、住民自治と団体自治の関係ということが議論になったわけです。ある学者はこういうふうにいいました。住民自治と団体自治は、どちらが欠けても地方自治は成り立っていかない基本的な要素である。これについては異論がないわけです。どちらも必要なわけではあるけれども、論理的な順序としてはまず団体としての自治権がある。団体として自由に決めることのできる領域というものがあって、この自由に行使できる自治権の行使が住民自身なり、その代表機関によって行われているということになるわけだから、団体自治があってはじめて住民自治が成り立っているんだと主張したわけです。その時も私はちょっと疑問を出したわけですが、すでに申しましたように、アメリカの地方自治のような慣行、慣習から申しますと、まず団体ありということにはならないのであります。団体を作るかどうかは、住民の発意にかかっている。そして、住民の承認にかかっていることになります。この慣習から申しますと、住民自治があってはじめて団体自治が成立するということになるわけです。私の申しあげたいのはこういうことです。

わが国の法律学者による地方自治論はことごとくにドイツ的な理論構成にあまりにも何のためらいもなく頼りすぎている、依存しすぎているということであります。この土台というものを少しくずしまして、全く別の地方自治を念頭において日本の憲法の地方自治条項あるいは地方自治法というものを考えていったならば、全く新しい観点が生まれるのではないかということであります。これが第二の論点であります。

4　法律主義と司法権

次に第三の論点でありまして、法律の定めるところによりとか、法律の範囲内でとかいう法定主義というものをどう考えていくかということであります。法律の定めるところによりとあると、国会が法律を制定すれば地方自治はいかようにでもなってしまうではないかという人が多いのであります。しかしその考え方は、敗北主義的だと私は思うのであります。私は地方自治相互間の調整を図ることは、国会の責任であると思っております。したがいまして、その限度内で法律によって地方自治について一定の基準を定めることは好ましいことであると個人的には思っております。問題はそれが憲法に内在する信託理論の法制に違反しない範囲内であるかどうか、さらには第九二条にいうところの、地方自治の本旨に違反しない限度内のことであるかどうかという点にあるわけであります。そのことを別にしますと、むしろ私たちは法律主義のプラス面、積極面を最大限に理論構成すべきではないか、という感じがするのであります。それはどういう意味かと申しますと、法律で定めるということは、政令・省令ましてや通達といった命令によって地方自治に介入し、地方自治を拘束することはできないということであります。

地方自治は国会の立法によってのみ一定の制約を受けるけれども、内閣各省等の行政権によってはいっさい拘束されないというはずなのです。それが法定主義、法律主義の意味ではないかと考えるのであります。しかし現実には、地方自治法にしろその他個別事業法にしろ多くの重要事項を政令以下の命令に委ねてきているわけです。そして地方自治の運営において、決定的な重要事項は、むしろその命令に拘束されているわけであります。憲法には法律で定めると書いてあります。ところがその法律が政令以下に委任をしたり、あるいは法律上白紙の部分について行政府が勝手に執行命令などを制定し、効果的には、地方公共団体は法律のみならず国の行政各省の命令でがんじがらめに縛られているということになっているわけです。条例制定権につきましても、憲法は法律の範囲内でと定めておりますのに、地方自治法にまいりますと第一四条で「法令に違反しない限りにおいて」とか、「法令に特別の定めがあるものを除くほか」といったように、勝手に法律だけではなく政令以下の命令まで加えてしまっているわけであります。憲法上は法律の範囲内であったものが法令ということばに変ってきてしまったということであります。この法律主義、法定主義を越えてしまった点は、憲法違反ではないかとさえ思います。そしてそれは私の考え方からいいますと、地方自治の本旨に反しているからではありません。それは国民主権による直接の信託という憲法の理論構想そのものに対する批判であると思うのであります。

地方自治に対する抑制機能というものを憲法は国会と最高裁判所に究極的には与えているわけでありますが、決して行政府には、各省と内閣には与えなかった。これがきわめて重要な点であるのではないかと思うのであります。英文上どう考えても介入をみとめられているのは、国会と最高裁でありまして、内閣にはその権限は何ら書かれていないのであります。地方公共団体の権限、機能は条例制定権も含めまして、すべて法律にのみ拘束される。法律をいかに合理的に解釈するかは、第一義的には地方公共団体自身の仕事であります。決して行政府の解釈に拘束されない。それでは解釈がばらばらになってしまうのではないか、統一がとれなくなってしまうのではないかといわれるかもしれません。解釈がばらばらになりうることこそが、いわば地方自治の本旨であるとさえいうことができます。そしてこの混乱、地方公共団体によって解釈がちがうということの混乱を最終的に解決するしくみとして司法権の独立が貫かれているわけであります。地方公共団体による法律解釈、あるいは条例制定が憲法あるいは法律の合理的な解釈であるかどうかということを決めるのは裁判所であります。現にアメリカの地方自治制度は、この司法権の独立そして裁判所による違憲立法審査権と密接に結びついた、一体のものとして形成され、発達してきたのであります。アメリカの地方自治は、最高裁判所の独立性と切り離して理解することのできないものであります。地方自治体の条例、それに基づく措置というようなものが、憲法ないしは州法に違反していないかどうかという訴訟が非常に多いわけです。例えば都市計画上の地域地区指定（ゾーニング）、建築基準行政、こういうようなものはアメリカでは市町村自治体の機能であります。そのため、これらについての判例というのは枚挙にいとまがないほどたくさんあります。だからこそアメリカの地方自治体では、必ず弁護士資格をもった人が就任する法務担当官、法務担当書記というものが設けられている。そしてこれが重要な役割を果たしている。自治体の条例制定とその他に関する訴訟について重要な役割を担っているのであります。そういう意味で、さきほど新憲法で戦争放棄を除きますと第八章の地方自治と第一〇章の最高法規という最高裁判所の違憲立法審査権などを定めたところが新しい章であると申しましたが、それらは本来非常に密接に結びついたものであるわけです。

こういうことをいってみましても、現実からおよそかけはなれておりますので、もう少し現実論にたちまして、数歩大きく後退してみることにいたします。そして仮に地方自治法のいうとおり、条例は法令に違反しない限りにおいてのものであるべきであって法令の特別の定めのある場合を除くものであるべきだといたします。ここでも現実にはもう一つの障害がある。それが法律先占論などと学説上呼ばれているものでありまます。すでに法律が定めてしまった事柄については、条例で左右できないという解釈論であります。この先占理論なるものが、法律の定めに正面から矛盾する条例であるとか、法律の定めに正面から違反する条例であればわからないことはありません。

しかし、実際に問題になるのはそういう場合ではないわけで、例えば建築基準法の一部改正がいま衆議院だけ通りまして宙ぶらりんになっておりますが、日照、正確にいえば日影制限を定めようとしているわけです。建設省の原案は、国会審議の過程でもいろいろな運動の結果として大分修正がほどこされてきているわけでありますが、都市計画上にいう商業地域については、無制限に日影規制が適用されないことになっているわけです。この商業地域内の日照基準をもし条例で定めたら、法令に違反するだろうかということであります。法律が住居専用地域についてはこうだとか、近隣商業地域については必要があれば定めうると書いてあって商業地域については何もいっていない。法律がこれについて沈黙していたら、ただちにこの領域は無制限にするという意思表示であるのかどうかということであります。そしてまたそれは国の法律上無制限ということだけではなしに、当然に条例でも制限を加えてはならないということになるか、という問題であります。

建設省の見解によりますと、今回の改正案がもし通ったら日影規制は条例でつくれるようになる。その点は自治体の宅地開発指導要綱等で日照保護をしてきたことと比べてある程度前進にあります。しかし、その条例をつくって日影規制をする場合に、同時にその条例の中に事前公示制であるとか住民同意制といったようなものをもちこめば、建築基準法に違反するという見解を出しているわけであります。つまりそういう日照規制が認められたわけですが、住民同意方式については何もいっていないので、そういう制度はつくれないと解釈されているわけです。建設省の非公式の見解によると、従来のとおり行政指導としてなさっていくことはいっこう干渉はしない。しかし条例の中にそういう規定をもちこんでくることは法律違反であるといっているわけです。そうなりますと、従来の指導要綱でとってきた事前公示制とか住民同意制がやはり継続すべきものであって、否定されないものであるとするならば、日影規制を使えるという新たな変更、法律改正さえ自治体にとってはやっかいなお荷物に逆になるわけであります。

この従来の先占理論は、そういったものさえ法律に違反するという解釈が支配的であった。いったいこういった解釈はどこに根拠があるのか。法律上はそういった明文の規定はほとんどないことが多い。ただ従来からの法律学者がつくりあげてきた学問上の一つの議論にすぎない。公害規制に関しては、都道府県や市町村が自主的に公害規制をつくりまして、こういった障害を徐々に突破してきたわけです。しかしだからといって同じことが公害以外のあらゆる分野についても同じように可能かと申しますと、決して現実にはそうではないわけです。もしそれが可能であれば、全国の自治体は宅地開発指導要綱などで、これほど苦労する必要は全くないのであります。

こうしたしくみが、非常にこっけいな姿をもって現れることがあります。国の公害関係法は、自治体の公害対策の積み重ねの結果におされて制定されたということができるわけであります。ところが新たに国の法律としてそういうものができますと、法律が未整備であった段階では自治体が率先して工夫して公害対策をしていたときには自治体の事務であったものが、いったん国が法律をそれにおされてつくりますと、たちまち新法の成立と同時にこれが国の機関委任事務に変ってしまうということです。実にこっけいなしくみになっているといわなければならないのであります。要するに地方自治が、憲法の本来の趣旨にそうものになるためには、地方公務員自身が中央各省あるいは内閣法制局にも負けない立法能力というものを貯える、あるいは法解釈能力を貯えなければならない、蓄積しなければならないわけであります。地方公共団体の職員が国の法令解釈あるいは通達を忠実に学んでこれを執行していればそれでよいという時代はとうにすぎ去ったわけであります。何かあるとすぐに自治省の見解を打診する、あるいは建設省の見解を問うといった姿勢をすてなければならないわけです。そして地方公務員は自治に関するさまざまな問題が裁判にかけられる、訴訟で争われるということをおそれてはならないのであります。

5　間接民主制と市民自治

第四の論点は、地方公共団体の首長、議員などの直接選挙を定めました第九三条を、どう理解するかということであります。この第九三条で議事機関の設置と長の設置、それらの直接選挙を定めている以上は、憲法は地方公共団体が間接民主制を採用すべきだということを定めているのであって、直接民主制の採用は制限されているという考え方があります。条例その他の議会の議決について referendum という住民投票制度を採用したり、あるいは外国で initiative とよばれているような直接発案制度、直接立法制度を採用したりするのはこの第九三条によって制限されているという考え方があります。

ここでちょっと説明を補いますが、私が referendum 住民投票制度といっているのは、わが国の地方自治法では、憲法第九五条の特別法を除きますと、全く認められていない制度であります。憲法に定められている憲法改正の国民投票と第九五条の特別法をめぐる住民投票以外、この referendum というのは日本では採用されていないものであります。この外国で referendum といわれている住民投票制度には、いろいろな方式がありますが、大きくわけますと、強制的な referendum と任意的な referendum と呼ばれる二種類のものがあります。強制的な referendum というのは条例などが議会で可決されても、これをさらに住民投票にかけて可決されなければ効力を発生させないという制度であります。議会が可決したあと、もう一度必ず住民投票にかけて賛否を問うというのが強制的 referendum であります。それに対しまして任意的 referendum というのは、条例などが議会などで可決成立したのち、公布まで三カ月ほど猶予があるとか効力の発生が三カ月ほど延期されている間に、市民から一定数以上の署名を集めて請求があると住民投票にかけなければならない。こういう制度が任意的 referendum です。つまり、住民から直接請求が出てこなければ、この三カ月たったところで法律は自動的に効力を発するわけですが、住民投票にかけるべきだという請求がでて、それが有効に成立しますと、住民投票にかけなければならないということであります。そしてこの場合には住民投票で可決されなければ、その条例は効力を発揮しないという制度です。

もう一つの initiative 直接発案制と申しておりますのは、わが国の地方自治法で定められている条例制定改廃請求権とは違います。わが国の条例制定改廃請求権なるものは、請願権に毛の生えたようなものでありまして、一定数の署名を集めて請求があれば、請求が成立すれば議会に必ず付議しなければならない。議会がこれを否決したり修正したりすればそれで終わりであります。これに対して一般に initiative（発案制度）といっているものはもっと強力なものです。一つは直接的 initiative とよばれるもので、市民から直接発案がありましたら、これがそのまま次の選挙の時住民投票にかけられまして、採否が決定されるという方式であります。もう一つは間接的 initiative とよばれるもので、市民から直接発案がありますとこれは議会に付議される。そして議会で審議がなされ採決がなされる。議会が可決すればよいわけですが、議会が否決したり修正したりするときは必ず住民投票に付されて、これによって採否が決められるという方式であります。つまり referendum にしろ initiative にしろ、議会の権限を強く市民一般に拡大しようとする市民参加の一つの姿勢であるわけです。アメリカの地方自治ではかなり広く採用されている制度であります。

こうしたアメリカ的な直接立法制度というものは、憲法第九三条の間接民主制の規定がある以上、日本では導入できないのではないかという考え方があるわけです。はたしてそうだろうかというのが一つの論点です。たしかにこうした直接立法制度が普及し始めた当初には、アメリカでも同じような議論がありまして、こうした新制度を憲法違反であるとした判例もでたことがあります。しかしやがてこれは合憲であるという解釈が一般化していって定着したという歴史があるわけです。従って、こういった間接民主制の規定をしている以上、直接立法制は禁じられているという考え方はきわめておかしい考え方であると思います。

憲法が地方公共団体についても議事機関を設けるという形で間接民主制を採用しているのは、本来地方自治は市民総会の場で全員の討議のもとに運営されれば、これにこしたことはないのだけれども、市町村の規模だとか市民の忙しさ、問題の複雑さ等々から申しまして、現代では全市民が一同に会してそこでものごとを決するということは不可能である。不可能でないにしても著しく不便である、というふうに判断したのではないかと思われます。そうであれば、日常的には間接民主制の代表機関に委ねるけれども、市民が日常的にこれに参加し、直接民主制的な行動が活発であればあるほど地方自治にとって望ましいと考えるべきではないかということであります。それにもかかわらず、いったん代表機関を設けてこれを議事機関とするというふうに定められると、とたんに直接的な市民参加を逆に禁止した、排除したことになるという考え方は大変におかしいのではないかと思うわけです。もしも憲法の趣旨が、絶対に間接代表制に基づく議会を設けることを要求しているのだといたしますと、地方自治法第九四条で認められている町村総会という制度は憲法違反だということになるのではないかと思われます。地方自治法上は、町村については条例で町村総会というものをおいて議会を設けないということも認められているわけです。この現代の憲法制度下で町村総会の制度もとりうるという地方自治法の考え方の方が自然ではないかと思うのであります。第九三条のねらいは議会や長を設ける時には直接選挙されなければならないという公選制度を定めた点にあると考えられます。それは間接民主制のみの採用を強制しているとは考えられません。市民参加について憲法が明文で何も語っていなくても、市民参加に支えられた市民自治こそが地方自治の本来の姿であるということは、国民主権に基づく信託という理論構成からいっても当然のことと考えられるわけであります。

この第九三条に関しまして、もう一つ別の論点があります。日本の地方公共団体は長と議会とが独立していて、そして相互に抑制均衡する二元主義を採用しているわけであります。大統領制に若干似ているということで大統領制型の制度であるなどといわれているものであります。そしてこの長と議会という二元構造は第九三条で強制されているという考え方であります。つまり、この二元主義とは別の統治構造は憲法で禁じられているという考え方で、はたしてそういうふうに理解すべきかという問題です。アメリカでは現在の日本と同じように市長と市議会の二つのものからなる形をとっている自治体も数多くありますが、一方、委員会制（commission system）と呼ばれるものをとっている自治体もあります。これは五〜六人の議員からなる委員会が立法も執行も同時に行っているやり方です。つまり議会にあたるような五〜六人の委員会がつくられているわけですが、同時に一人ひとりの議員が行政各部の部長になっているというような形です。そしてその委員会の議長が mayor 市長とよばれているものです。あるいはこれと別に市議会と、市支配人型 manager 制度といわれる方をとっている自治体も多いようです。これは市議会が立法その他重要事項を決めるわけでありますが、この市議会が city manager といわれる市支配人を雇いまして、日常的な管理事務は city manager にまかせるという制度であります。この場合にも議会の議長は mayor と呼ばれ、儀礼的なこと、市を代表することはすべて mayor が行います。わが国の憲法第九三条は、こうした長と議会が一本化したような委員会制度とかあるいは市支配人制度などといったものの採用を禁止しているのであるという問題です。私はこういうふうに制限的に解釈しなければならない必然性はないように思うのであります。議事機関と長が必要であって、それは公選によらなければならないということは定められていますけれども、議事機関と長が相互に独立の機関でなければならない、絶対にそれ以外の制度は認められないというふうには書いていないのではないかと思うのであります。

6　自治憲章制度と特別法

最後の大きな論点は第九四条と第九五条に関連するものです。憲法の制定過程でＧＨＱと日本国政府との間で種々のやりとりがあったわけですが、この第九四条についてはＧＨＱ側の原案では charter ということばが使われております。都市憲章とか自治憲章などと呼ばれているものであります。それぞれの地方公共団体の統治構造、行政組織、事務内容とか権限とか権能等を定めた自治体の憲法のようなものでありまして、自治体の設置法のようなものであります。ＧＨＱの原案では、法律の範囲内でこの charter を制定することができると書いていたわけであります。これが日本政府の担当者の努力によりまして、英文でも charter ではなく regulation ということばに改められ、現在のように法律の範囲内で条例を制定することができるというかたちに改められたわけです。そこでこの制定過程の経緯に照らして考えましても、日本国憲法はアメリカの地方自治にみられるような憲章制度を採用しなかったわけであります。

さらには憲法はアメリカの一部にあるような憲章制度というものを認めていないという考え方があるわけです。そういう憲法解釈があるわけです。憲法が明文で憲章制定権というものを書いていない以上、憲法が明示的にこれを採用しなかったということは確かなことであります。けれどもそのことがただちに憲章制度の採用を禁止していることになるのだろうかということであります。私にはそうは思えないのであります。

ここでアメリカの地方自治制度の歴史をごく簡単にふりかえってみることにいたします。一九世紀の中頃から世紀末にかけましてアメリカの地方自治は暗黒時代であった。市政の暗黒時代などといわれるわけであります。この時代には、州議会が立法権を通しまして個々の自治体に大幅に介入した時代であります。市政が腐敗していたということが、州議会が自治体に干渉するようになった一つの大きな原因でありますが、さらに州議会の支配的な政党と都市のそれとがちがっていたというようなこともあります。例えばニューヨーク市では一貫して民主党が支配していたが、ニューヨーク州政は圧倒的に共和党の地盤であったというようなことから、政治的な抗争があったようなことも影響しております。原因はともかくとして、当時は州議会が個々の自治体を対象にした法律を数多く制定しております。たとえば○○市の警察行政は今後州の機関が管轄するとか、○○市の市議会の議員定数を何人に削減するとか、もっとひどい例としては、city hall（市役所）の建設計画まで州議会が決定したことさえあるわけです。そこでこういうことでは地方自治などというものはありえない、地方自治は死滅してしまうということで、全国的に市政改革運動が展開されたわけでありますが、こういった一連の改革の中で最初に行われた改革は特別法の禁止という制度であります。これは憲法改正をともなっているわけですが、憲法上に州議会は特別法を制定してはならないという規定が設けられるようになったわけです。つまり個々の自治体をねらいうちにした法律の制定を禁ずる規定を憲法にもうけたわけです。

そこで今後は州議会の方は、自治体を人口規模に従っていくつかの段階にわけて、それぞれの段階の自治体について異なる規定をして、一般的な地方自治法のようなものを制定しはじめたわけです。これは一般には特別法の禁止規定に違反しないというふうに裁判所によって判断されたわけです。ところがここに新しい論点が生まれてきました。通常州と市の間で一番権限の争いのあるのは州内最大の都市と州との間でありますが、この人口段階別に大都市、中都市、小都市と制度を変えていくという形で法律をつくった場合、第一級の自治体である人口五〇万人以上の都市は、かくあらねばならないということが定められる。ところが、この州の中に人口五〇万人以上の都市は〇〇市しかないという時に、この〇〇市については結果的には特別法を制定したと同じ結果になってしまう。これが憲法上の特別法の禁止条項に違反していないかどうかという議論が出たわけであります。

そうこうしております間に、市政改革運動の世論が非常に強まりまして、地方自治を守るためのさまざまな地方自治条項を新たに憲法に追加していくようになります。州憲法の改正はかなり頻繁に行われるわけですが、その中で地方自治条項が決められていくようになります。こういった形で州憲法の中に地方自治に関する条文が設けられるという制度が、日本国憲法にもちこまれてきて条文にはいることになったわけであります。こうした憲法改正によりまして、州議会の地方自治に関する立法権は次第にさまざまな枠がはめられるようになってきたわけです。しかも地方自治体の市民たちは、自分たちの自治体のあり方は自分たちで選びたいというふうに希望するようになっていった。そこで以前のように地方自治体を人口規模で分類してそれぞれにそれぞれの地方自治を認めるという方式からさらに一歩進んで、州の地方自治法の中に何種類かの自治のタイプを定め、市町村の側がその中のどのタイプを選ぶかということを自分たちで選ぶ制度が普及していくようになるわけです。これを選択憲章制度とよんでいるわけです。

一つの州の中の市町村によって市長市議会型の制度をとっているところがあってみたり、委員会制度をとっているところがあったりする。あるいは直接立法制度を非常に広範に使っている自治体もあるかと思うと、あまり使っていないところもある。そういう制度を全く採用していない自治体もあるといったようなアメリカの自治体の多様性はここから生じているわけです。

ところが改革運動がさらに進んでいきますと、自治体の市民が自分たちの住んでいる都市に、独自のユニークな憲章を自由に立案し制定したいという希望が強くなってきます。これを認めたのがhome rule charter system日本では自治憲章制度と訳されています。ここまでまいりますと、自治体自身の内部で憲法起草と同じように自治憲章が起草される。そしてそれが州議会の承認をうることになるわけです。しかもその過程で、住民投票による可決が要件とされているのがふつうであります。形としては憲法の制定に似た手続きがとられているわけです。けれども重要なことはこの自治憲章制度にいたしましても、これは州議会の議決を要件としているわけです。そして形式的には州議会の議決は州法の議決なのであります。したがって、自治憲章は各市の憲法のようなものですが、形式的にいえば州の法律でありまして、一つの自治体について規定した特別法ということになるわけです。

かつては州法による地方自治への過度の介入をチェックするために特別法が一律に禁じられたわけであります。ところが地方自治の自主性が尊重されるようになりまして、憲章制度が流行してくるようになりますと、自治体の独自の選択を最大限に尊重する自治憲章というものまで生まれてきたわけです。この自治憲章をつくるために特別法が逆に活用されるという事態が生まれたわけです。ここが非常に重要な点なのであります。

わが国の憲法は第九五条で住民投票を行えば特別法の制定ができることになっております。それならば特別法の制定という形式で個々の市町村の自治憲章を制定する道も開かれているのではないかというふうに考えることもできます。ましてその一歩手前の選択憲章制度であれば、地方自治法の中でそのような選択の余地を与えれば立法上はできるのでありますから、わが国の憲法下でも選択憲章制度はとろうと思えばとれます。私はそういうふうに考えるわけです。わが国の公法学者の考え方の中には第九五条の特別法の趣旨は、一個の自治体の権能とかその市民の権能を他の自治体よりも制限するような法律であるときに住民投票を必要とするのであって、一個の自治体を対象としていても、それに新たな権能を与え、よそよりも別の権能をさらに付け加えるようなものならば、住民投票をする必要はないという考え方もあります。それでいながら東京都について都制と称するについてこれを特別法とは認めなかった。したがって住民投票もしなかったわけであります。これは都制というのは自治省の伝統的な見解によりますと、今にいたるまで変っていませんが、都制は指定都市制度と同じように一般的な制度であって大阪にも適用できるもので、別に東京だけをねらいうちにしたものではないということになっているわけです。これはちょうど人口五〇万人以上の自治体と規定をおきまして、これならば将来人口が五〇万人をこえる都市は二つになるかもしれないし、三つになるかもしれないのであって、現在たまたま五〇万以上の都市が州内に一つしかないからといってそれをねらいうちにしたことにはならないという論法と全く同じであります。

要するにこの第九五条の特別法の条項の解釈については アメリカで初めのころに州議会による地方自治の介入を制限するために行われた特別法の禁止条項と、同じような解釈がとられてきているというふうに感じられるわけです。そして第九五条では、この特別法が住民投票制度と結びつけられているということで、もしそうでありますと、それはアメリカの新しい時代、自治憲章制度などがでてきた時代の特別法の考え方を入れようとしたのではないかという疑いも若干残るのであります。それにもかかわらず、そうした解釈の発想というものが、これまで全くみられない。そう解釈することは若干むずかしい解釈かもしれませんが、そういう見解を出してみた人が全くいないということは私には少し奇異に感じるわけです。

7　結―自治体の憲法解釈

以上、憲法の地方自治条項につき若干の論点に関しまして、私なりの見解をお話ししてみたわけでございます。もちろん論点はこれに尽きるわけではありません。あるいはまた問題提起のしかたにいたしましても、今日お話しいたしましたのは、アメリカの地方自治とくらべてみるという方法をとっておりまして、これは一つの見方にすぎません。私の論証のしかたは、決して完全でも十分でもありません。それは別にいいわけをするわけではありませんが、時間が限られていたから十分論証がつかなかったというわけではないのでありまして、私自身の思索、勉強がなおこの点について不十分だからであります。

最近このことばかり考えておりまして、また改めてアメリカの判例までもどりまして若干勉強を重ねておりますが、もう少し自信をもってこのことを世間に公表するのは、まだまだ先であります。したがいまして、私の考え方を正しい見解だと思ってうのみにされたのでは私自身困るのであります。私が今日こういう話をあえて申しあげたかったのは、地方自治に関する憲法理論の現状はいたっておそまつな段階である。拳拳服膺して学習するような立派な理論などというものはないということであります。したがいまして地方自治に関する憲法解釈は、まだまだ自由に行える余地が広いということ、そして新しい創造的な憲法解釈を展開するためには、技術的な小手先の解釈ではなくて、基礎的な憲法理論から出発することが大事なのではないかということであります。

それでは地方公務員がそれぞれ独自の憲法理論を築きまして、独自の憲法解釈にたって行政執行を行えばよいのかといいますと、決してそうではありません。現実の行動にあたっては釈迦に説法でありますけれども、慎重に戦略的な配慮、戦術的な配慮をしなければならないわけであります。そうでなければ、ただちに中央省庁から強力な反撃をうけるというだけでなく、裁判所であっさり憲法違反あるいは違法と判断されて簡単に裁判に敗けてしまうかもしれない。それに肝心の市民から必ずしもそういう憲法解釈、法律解釈に共感がえられないかもしれない。それでは自治体の公務員の憲法解釈としては完全に失敗であるわけです。憲法解釈、憲法理論は、たえず創造的に展開しなければなりませんけれども、具体的な行動の判断に際しましては、慎重な情勢判断が行われなければならないわけであります。

そして最後に申しあげたいのは、自治立法権ならびに自治解釈権に関しましては、戦術レベルの選択と、戦略レベルの選択との相関関係を、慎重にみきわめるということが肝心なのではないかということでありま す。非常に概括的な見方をしますと、国の法令の文言を厳格に受け取って、逆に中央政府の行動が法令に違反しているといって非難するとか、あるいは国の側のある法律解釈を逆手にとって法令相互間の矛盾をついていくとか、あるいは限界ぎりぎりまで行政指導をしたり、条例を制定したりするとかいった方法は戦術レベルの方法であります。これに対して、国の法律そのものの改正とか、新たな制定を積極的に自治体の側から提案していく、要求していくとか、新らしい憲法解釈に、新しい憲法理論をつきつけていくといったような方法は、いわば戦略的なレベルの方法であります。そして戦術として有効なものが、自治権を強化していく戦略としても有効であるとは限らないわけでありま す。戦術には有効であるが、これに勝つことが大局的には地方自治の縮小につながるという事態もあるわけです。たとえば機関委任事務に伴う超過負担の解消運動を展開しているわけでありますが、単価差、数量差その他について徐々に解消されていまして、超過負担が解消されれば財政的には自治体の改善になるかもしれません。けれどもその運動は一歩間違いますと機関委任事務を正当化する、そのまま承認することになるかもしれない。大局的にいえば機関委任事務制度を廃止することが重要なわけです。超過負担闘争は、いつもこの両面のバランスを失わないよう慎重にしなければならない運動であると私は思います。これとは逆に、戦略として正しいものを大胆にいきなり表に出したら、目先の戦術としてはマイナスがきわめて強くなるかもわからないわけであります。戦術的に負けても、大局的な勝利をめざすか、大局的には問題があってもさしあたりの方策として戦術的勝利をめざすか、これはすべて現状の情勢判断の問題であると考えられるわけであります。私の話はこれで終らせていただきます。

（一九七六年八月一七日、釧路市福祉会館における「第四回現代地方講座」の講演要旨）

shall be fixed by law in accordance with the principle of local autonomy.

Article 93. The local public entities shall establish assemblies as their deliberative organs, in accordance with law.

The chief executive officers of all local public entities, the members of their assemblies, and such other local officials as may be determined by law shall be elected by direct popular vote within their several communities.

Article 94. Local public entities shall have the right to manage their property, affairs and administration and to enact their own regulations within law.

Article 95. A special law, applicable only to one local public entity, cannot be enacted by the Diet without the consent of the majority of the voters of the local public entity concerned, obtained in accordance with law.

CHAPTER IX. AMENDMENTS

Article 96. Amendments to this Constitution shall be initiated by the Diet, through a concurring vote of two-thirds or more of all the members of each House and shall thereupon be submitted to the people for ratification, which shall require the affirmative vote of a majority of all votes cast thereon, at a special referendum or at such election as the Diet shall specify.

Amendments when so ratified shall immediately be promulgated by the Emperor in the name of the people, as an integral part of this Constitution.

CHAPTER X. SUPREME LAW

Article 97. The fundamental human rights by this Constitution guaranteed to the people of Japan are fruits of the age-old struggle of man to be free; they have survived the many exacting tests for durability and are conferred upon this and future generations in trust, to be held for all time inviolate.

Article 98. This Constitution shall be the supreme law of the nation and no law, ordinance, imperial rescript or other act of government, or part thereof, contrary to the provisions hereof, shall have legal force or validity.

The treaties concluded by Japan and established laws of nations shall be faithfully observed.

Article 99. The Emperor or the Regent as well as Ministers of State, members of the Diet, judges, and all other public officials have the obligation to respect and uphold this Constitution.

CHAPTER XI. SUPPLEMENTARY PROVISIONS

Article 100. This Constitution shall be enforced as from the day when the period of six months will have elapsed counting from the day of its promulgation.

The enactment of laws necessary for the enforcement of this Constitution, the election of members of the House of Councillors and the procedure for the convocation of the Diet and other preparatory procedures necessary for the enforcement of this Constitution may be executed before the day prescribed in the preceding paragraph.

Article 101. If the House of Councillors is not constituted before the effective date of this Constitution, the House of Representatives shall function as the Diet until such time as the House of Councillors shall be constituted.

Article 102. The term of office for half the members of the House of Councillors serving in the first term under this Constitution shall be three years. Members falling under this category shall be determined in accordance with law.

Article 103. The Ministers of State, members of the House of Representatives, and judges in office on the effective date of this Constitution, and all other public officials, who occupy positions corresponding to such positions as are recognized by this Constitution shall not forfeit their positions automatically on account of the enforcement of this Constitution unless otherwise specified by law. When, however, successors are elected or appointed under the provisions of this Constitution they shall forfeit their positions as a matter of course.

律でこれを定める。

第九十三条　地方公共団体には、法律の定めるところにより、その議事機関として議会を設置する。

　地方公共団体の長、その議会の議員及び法律の定めるその他の吏員は、その地方公共団体の住民が、直接これを選挙する。

第九十四条　地方公共団体は、その財産を管理し、事務を処理し、及び行政を執行する権能を有し、法律の範囲内で条例を制定することができる。

第九十五条　一の地方公共団体のみに適用される特別法は、法律の定めるところにより、その地方公共団体の住民の投票においてその過半数の同意を得なければ、国会は、これを制定することができない。

第九章　改正

第九十六条　この憲法の改正は、各議院の総議員の三分の二以上の賛成で、国会が、これを発議し、国民に提案してその承認を経なければならない。この承認には、特別の国民投票又は国会の定める選挙の際行はれる投票において、その過半数の賛成を必要とする。

　憲法改正について前項の承認を経たときは、天皇は、国民の名で、この憲法と一体を成すものとして、直ちにこれを公布する。

第十章　最高法規

第九十七条　この憲法が日本国民に保障する基本的人権は、人類の多年にわたる自由獲得の努力の成果であつて、これらの権利は、過去幾多の試錬に堪へ、現在及び将来の国民に対し、侵すことのできない永久の権利として信託されたものである。

第九十八条　この憲法は、国の最高法規であつて、その条規に反する法律、命令、詔勅及び国務に関するその他の行為の全部又は一部は、その効力を有しない。

　日本国が締結した条約及び確立された国際法規は、これを誠実に遵守することを必要とする。

第九十九条　天皇又は摂政及び国務大臣、国会議員、裁判官その他の公務員は、この憲法を尊重し擁護する義務を負ふ。

第十一章　補則

第百条　この憲法は、公布の日から起算して六箇月を経過した日から、これを施行する。

　この憲法を施行するために必要な法律の制定、参議院議員の選挙及び国会召集の手続並びにこの憲法を施行するために必要な準備手続は、前項の期日よりも前に、これを行ふことができる。

第百一条　この憲法施行の際、参議院がまだ成立してゐないときは、その成立するまでの間、衆議院は、国会としての権限を行ふ。

第百二条　この憲法による第一期の参議院議員のうち、その半数の者の任期は、これを三年とする。その議員は、法律の定めるところにより、これを定める。

第百三条　この憲法施行の際現に在職する国務大臣、衆議院議員及び裁判官並びにその他の公務員で、その地位に相応する地位がこの憲法で認められてゐる者は、法律で特別の定をした場合を除いては、この憲法施行のため、当然にはその地位を失ふことはない。但し、この憲法によつて、後任者が選挙又は任命されたときは、当然その地位を失ふ。

judges as may be determined by law; all such judges excepting the Chief Judge shall be appointed by the Cabinet.

The appointment of the judges of the Supreme Court shall be reviewed by the people at the first general election of members of the House of Representatives following their appointment, and shall be reviewed again at the first general election of members of the House of Representatives after a lapse of ten (10) years, and in the same manner thereafter.

In cases mentioned in the foregoing paragraph, when the majority of the voters favors the dismissal of a judge, he shall be dismissed.

Matters pertaining to review shall be prescribed by law.

The judges of the Supreme Court shall be retired upon the attainment of the age as fixed by law.

All such judges shall receive, at regular stated intervals, adequate compensation which shall not be decreased during their terms of office.

Article 80. The judges of the inferior courts shall be appointed by the Cabinet from a list of persons nominated by the Supreme Court. All such judges shall hold office for a term of ten (10) years with privilege of reappointment, provided that they shall be retired upon the attainment of the age as fixed by law.

The judges of the inferior courts shall receive, at regular stated intervals, adequate compensation which shall not be decreased during their terms of office.

Article 81. The Supreme Court is the court of last resort with power to determine the constitutionality of any law, order, regulation or official act.

Article 82. Trials shall be conducted and judgment declared publicly.

Where a court unanimously determines publicity to be dangerous to public order or morals, a trial may be conducted privately, but trials of political offenses, offenses involving the press or cases wherein the rights of people as guaranteed in Chapter III of this Constitution are in question shall always be conducted publicly.

CHAPTER VII. FINANCE

Article 83. The power to administer national finances shall be exercised as the Diet shall determine.

Article 84. No new taxes shall be imposed or existing ones modified except by law or under such conditions as law may prescribe.

Article 85. No money shall be expended, nor shall the State obligate itself, except as authorized by the Diet.

Article 86. The Cabinet shall prepare and submit to the Diet for its consideration and decision a budget for each fiscal year.

Article 87. In order to provide for unforeseen deficiencies in the budget, a reserve fund may be authorized by the Diet to be expended upon the responsibility of the Cabinet.

The Cabinet must get subsequent approval of the Diet for all payments from the reserve fund.

Article 88. All property of the Imperial Household shall belong to the State. All expenses of the Imperial Household shall be appropriated by the Diet in the budget.

Article 89. No public money or other property shall be expended or appropriated for the use, benefit or maintenance of any religious institution or association, or for any charitable, educational or benevolent enterprises not under the control of public authority.

Article 90. Final accounts of the expenditures and revenues of the State shall be audited annually by a Board of Audit and submitted by the Cabinet to the Diet, together with the statement of audit, during the fiscal year immediately following the period covered.

The organization and competency of the Board of Audit shall be determined by law.

Article 91. At regular intervals and at least annually the Cabinet shall report to the Diet and the people on the state of national finances.

CHAPTER VIII. LOCAL SELF-GOVERNMENT

Article 92. Regulations concerning organization and operations of local public entities

これを構成し、その長たる裁判官以外の裁判官は、内閣でこれを任命する。
最高裁判所の裁判官の任命は、その任命後初めて行はれる衆議院議員総選挙の際国民の審査に付し、その後十年を経過した後初めて行はれる衆議院議員総選挙の際更に審査に付し、その後も同様とする。
前項の場合において、投票者の多数が裁判官の罷免を可とするときは、その裁判官は、罷免される。
審査に関する事項は、法律でこれを定める。
最高裁判所の裁判官は、法律の定める年齢に達した時に退官する。
最高裁判所の裁判官は、すべて定期に相当額の報酬を受ける。この報酬は、在任中、これを減額することができない。

第八十条　下級裁判所の裁判官は、最高裁判所の指名した者の名簿によつて、内閣でこれを任命する。その裁判官は、任期を十年とし、再任されることができる。但し、法律の定める年齢に達した時には退官する。
下級裁判所の裁判官は、すべて定期に相当額の報酬を受ける。この報酬は、在任中、これを減額することができない。

第八十一条　最高裁判所は、一切の法律、命令、規則又は処分が憲法に適合するかしないかを決定する権限を有する終審裁判所である。
第八十二条　裁判の対審及び判決は、公開法廷でこれを行ふ。
裁判所が、裁判官の全員一致で、公の秩序又は善良の風俗を害する虞があると決した場合には、対審は、公開しないでこれを行ふことができる。但し、政治犯罪、出版に関する犯罪又はこの憲法第三章で保障する国民の権利が問題となつてゐる事件の対審は、常にこれを公開しなければならない。

第七章　財政

第八十三条　国の財政を処理する権限は、国会の議決に基いて、これを行使しなければならない。
第八十四条　あらたに租税を課し、又は現行の租税を変更するには、法律又は法律の定める条件によることを必要とする。
第八十五条　国費を支出し、又は国が債務を負担するには、国会の議決に基くことを必要とする。
第八十六条　内閣は、毎会計年度の予算を作成し、国会に提出して、その審議を受け議決を経なければならない。
第八十七条　予見し難い予算の不足に充てるため、国会の議決に基いて予備費を設け、内閣の責任でこれを支出することができる。
すべて予備費の支出については、内閣は、事後に国会の承諾を得なければならない。

第八十八条　すべて皇室財産は、国に属する。すべて皇室の費用は、予算に計上して国会の議決を経なければならない。
第八十九条　公金その他の公の財産は、宗教上の組織若しくは団体の使用、便益若しくは維持のため、又は公の支配に属しない慈善、教育若しくは博愛の事業に対し、これを支出し、又はその利用に供してはならない。

第九十条　国の収入支出の決算は、すべて毎年会計検査院がこれを検査し、内閣は、次の年度に、その検査報告とともに、これを国会に提出しなければならない。
会計検査院の組織及び権限は、法律でこれを定める。

第九十一条　内閣は、国会及び国民に対し、定期に、少くとも毎年一回、国の財政状況について報告しなければならない。

第八章　地方自治

第九十二条　地方公共団体の組織及び運営に関する事項は、地方自治の本旨に基いて、法

Article 67. The Prime Minister shall be designated from among the members of the Diet by a resolution of the Diet. This designation shall precede all other business.

If the House of Representatives and the House of Councillors disagree and if no agreement can be reached even through a joint committee of both Houses, provided for by law, or the House of Councillors fails to make designation within ten (10) days, exclusive of the period of recess, after the House of Representatives has made designation, the decision of the House of Representatives shall be the decision of the Diet.

Article 68. The Prime Minister shall appoint the Ministers of State. However, a majority of their number must be chosen from among the members of the Diet.

The Prime Minister may remove the Ministers of State as he chooses.

Article 69. If the House of Representatives passes a non-confidence resolution, or rejects a confidence resolution, the Cabinet shall resign en masse, unless the House of Representatives is dissolved within ten (10) days.

Article 70. When there is a vacancy in the post of Prime Minister, or upon the first convocation of the Diet after a general election of members of the House of Representatives, the Cabinet shall resign en masse.

Article 71. In the cases mentioned in the two preceding articles, the Cabinet shall continue its functions until the time when a new Prime Minister is appointed.

Article 72. The Prime Minister, representing the Cabinet, submits bills, reports on general national affairs and foreign relations to the Diet and exercises control and supervision over various administrative branches.

Article 73. The Cabinet, in addition to other general administrative functions, shall perform the following functions:

Administer the law faithfully; conduct affairs of state.

Manage foreign affairs.

Conclude treaties. However, it shall obtain prior or, depending on circumstances, subsequent approval of the Diet.

Administer the civil service, in accordance with standards established by law.

Prepare the budget, and present it to the Diet.

Enact cabinet orders in order to execute the provisions of this Constitution and of the law. However, it cannot include penal provisions in such cabinet orders unless authorized by such law.

Decide on general amnesty, special amnesty, commutation of punishment, reprieve, and restoration of rights.

Article 74. All laws and cabinet orders shall be signed by the competent Minister of State and countersigned by the Prime Minister.

Article 75. The Ministers of State, during their tenure of office, shall not be subject to legal action without the consent of the Prime Minister. However, the right to take that action is not impaired hereby.

CHAPTER VI. JUDICIARY

Article 76. The whole judicial power is vested in a Supreme Court and in such inferior courts as are established by law.

No extraordinary tribunal shall be established, nor shall any organ or agency of the Executive be given final judicial power.

All judges shall be independent in the exercise of their conscience and shall be bound only by this Constitution and the laws.

Article 77. The Supreme Court is vested with the rule-making power under which it determines the rules of procedure and of practice, and of matters relating to attorneys, the internal discipline of the courts and the administration of judicial affairs.

Public procurators shall be subject to the rule-making power of the Supreme Court.

The Supreme Court may delegate the power to make rules for inferior courts to such courts.

Article 78. Judges shall not be removed except by public impeachment unless judicially declared mentally or physically incompetent to perform official duties. No disciplinary action against judges shall be administered by any executive organ or agency.

Article 79. The Supreme Court shall consist of a Chief Judge and such number of

第六十七条　内閣総理大臣は、国会議員の中から国会の議決で、これを指名する。この指名は、他のすべての案件に先だつて、これを行ふ。
　衆議院と参議院とが異なつた指名の議決をした場合に、法律の定めるところにより、両議院の協議会を開いても意見が一致しないとき、又は衆議院が指名の議決をした後、国会休会中の期間を除いて十日以内に、参議院が、指名の議決をしないときは、衆議院の議決を国会の議決とする。

第六十八条　内閣総理大臣は、国務大臣を任命する。但し、その過半数は、国会議員の中から選ばれなければならない。
　内閣総理大臣は、任意に国務大臣を罷免することができる。
第六十九条　内閣は、衆議院で不信任の決議案を可決し、又は信任の決議案を否決したときは、十日以内に衆議院が解散されない限り、総辞職をしなければならない。

第七十条　内閣総理大臣が欠けたとき、又は衆議院議員総選挙の後に初めて国会の召集があつたときは、内閣は、総辞職をしなければならない。

第七十一条　前二条の場合には、内閣は、あらたに内閣総理大臣が任命されるまで引き続きその職務を行ふ。
第七十二条　内閣総理大臣は、内閣を代表して議案を国会に提出し、一般国務及び外交関係について国会に報告し、並びに行政各部を指揮監督する。

第七十三条　内閣は、他の一般行政事務の外、左の事務を行ふ。
一　法律を誠実に執行し、国務を総理すること。
二　外交関係を処理すること。
三　条約を締結すること。但し、事前に、時宜によつては事後に、国会の承認を経ることを必要とする。
四　法律の定める基準に従ひ、官吏に関する事務を掌理すること。
五　予算を作成して国会に提出すること。
六　この憲法及び法律の規定を実施するために、政令を制定すること。但し、政令には、特にその法律の委任がある場合を除いては、罰則を設けることができない。
七　大赦、特赦、減刑、刑の執行の免除及び復権を決定すること。

第七十四条　法律及び政令には、すべて主任の国務大臣が署名し、内閣総理大臣が連署することを必要とする。
第七十五条　国務大臣は、その在任中、内閣総理大臣の同意がなければ、訴追されない。但し、これがため、訴追の権利は、害されない。

第六章　司法

第七十六条　すべて司法権は、最高裁判所及び法律の定めるところにより設置する下級裁判所に属する。
　特別裁判所は、これを設置することができない。行政機関は、終審として裁判を行ふことができない。
　すべて裁判官は、その良心に従ひ独立してその職権を行ひ、この憲法及び法律にのみ拘束される。
第七十七条　最高裁判所は、訴訟に関する手続、弁護士、裁判所の内部規律及び司法事務処理に関する事項について、規則を定める権限を有する。
　検察官は、最高裁判所の定める規則に従はなければならない。
　最高裁判所は、下級裁判所に関する規則を定める権限を、下級裁判所に委任することができる。

第七十八条　裁判官は、裁判により、心身の故障のために職務を執ることができないと決定された場合を除いては、公の弾劾によらなければ罷免されない。裁判官の懲戒処分は、行政機関がこれを行ふことはできない。
第七十九条　最高裁判所は、その長たる裁判官及び法律の定める員数のその他の裁判官で

total membership is present.

All matters shall be decided, in each House, by a majority of those present, except as elsewhere provided in the Constitution, and in case of a tie, the presiding officer shall decide the issue.

Article 57. Deliberation in each House shall be public. However, a secret meeting may be held where a majority of two-thirds or more of those members present passes a resolution therefor.

Each House shall keep a record of proceedings. This record shall be published and given general circulation, excepting such parts of proceedings of secret session as may be deemed to require secrecy.

Upon demand of one-fifth or more of the members present, votes of the members on any matter shall be recorded in the minutes.

Article 58. Each House shall select its own president and other officials.

Each House shall establish its rules pertaining to meetings, proceedings and internal discipline, and may punish members for disorderly conduct. However, in order to expel a member, a majority of two-thirds or more of those members present must pass a resolution thereon.

Article 59. A bill becomes a law on passage by both Houses, except as otherwise provided by the Constitution.

A bill which is passed by the House of Representatives, and upon which the House of Councillors makes a decision different from that of the House of Representatives, becomes a law when passed a second time by the House of Representatives by a majority of two-thirds or more of the members present.

The provision of the preceding paragraph does not preclude the House of Representatives from calling for the meeting of a joint committee of both Houses, provided for by law.

Failure by the House of Councillors to take final action within sixty (60) days after receipt of a bill passed by the House of Representatives, time in recess excepted, may be determined by the House of Representatives to constitute a rejection of the said bill by the House of Councillors.

Article 60. The budget must first be submitted to the House of Representatives.

Upon consideration of the budget, when the House of Councillors makes a decision different from that of the House of Representatives, and when no agreement can be reached even through a joint committee of both Houses, provided for by law, or in the case of failure by the House of Councillors to take final action within thirty (30) days, the period of recess excluded, after the receipt of the budget passed by the House of Representatives, the decision of the House of Representatives shall be the decision of the Diet.

Article 61. The second paragraph of the preceding article applies also to the Diet approval required for the conclusion of treaties.

Article 62. Each House may conduct investigations in relation to government, and may demand the presence and testimony of witnesses, and the production of records.

Article 63. The Prime Minister and other Ministers of State may, at any time, appear in either House for the purpose of speaking on bills, regardless of whether they are members of the House or not. They must appear when their presence is required in order to give answers or explanations.

Article 64. The Diet shall set up an impeachment court from among the members of both Houses for the purpose of trying those judges against whom removal proceedings have been instituted.

Matters relating to impeachment shall be provided by law.

CHAPTER V. THE CABINET

Article 65. Executive power shall be vested in the Cabinet.

Article 66. The Cabinet shall consist of the Prime Minister, who shall be its head, and other Ministers of State, as provided for by law.

The Prime Minister and other Ministers of State must be civilians.

The Cabinet, in the exercise of executive power, shall be collectively responsible to the Diet.

決することができない。
両議院の議事は、この憲法に特別の定のある場合を除いては、出席議員の過半数でこれを決し、可否同数のときは、議長の決するところによる。

第五十七条　両議院の会議は、公開とする。但し、出席議員の三分の二以上の多数で議決したときは、秘密会を開くことができる。
両議院は、各々その会議の記録を保存し、秘密会の記録の中で特に秘密を要すると認められるもの以外は、これを公表し、且つ一般に頒布しなければならない。
出席議員の五分の一以上の要求があれば、各議員の表決は、これを会議録に記載しなければならない。

第五十八条　両議院は、各々その議長その他の役員を選任する。
両議院は、各々その会議その他の手続及び内部の規律に関する規則を定め、又、院内の秩序をみだした議員を懲罰することができる。但し、議員を除名するには、出席議員の三分の二以上の多数による議決を必要とする。

第五十九条　法律案は、この憲法に特別の定のある場合を除いては、両議院で可決したとき法律となる。
衆議院で可決し、参議院でこれと異なつた議決をした法律案は、衆議院で出席議員の三分の二以上の多数で再び可決したときは、法律となる。
前項の規定は、法律の定めるところにより、衆議院が、両議院の協議会を開くことを求めることを妨げない。
参議院が、衆議院の可決した法律案を受け取つた後、国会休会中の期間を除いて六十日以内に、議決しないときは、衆議院は、参議院がその法律案を否決したものとみなすことができる。

第六十条　予算は、さきに衆議院に提出しなければならない。
予算について、参議院で衆議院と異なつた議決をした場合に、法律の定めるところにより、両議院の協議会を開いても意見が一致しないとき、又は参議院が、衆議院の可決した予算を受け取つた後、国会休会中の期間を除いて三十日以内に、議決しないときは、衆議院の議決を国会の議決とする。

第六十一条　条約の締結に必要な国会の承認については、前条第二項の規定を準用する。

第六十二条　両議院は、各々国政に関する調査を行ひ、これに関して、証人の出頭及び証言並びに記録の提出を要求することができる。
第六十三条　内閣総理大臣その他の国務大臣は、両議院の一に議席を有すると有しないとにかかはらず、何時でも議案について発言するため議院に出席することができる。又、答弁又は説明のため出席を求められたときは、出席しなければならない。

第六十四条　国会は、罷免の訴追を受けた裁判官を裁判するため、両議院の議員で組織する弾劾裁判所を設ける。
弾劾に関する事項は、法律でこれを定める。

第五章　内閣

第六十五条　行政権は、内閣に属する。
第六十六条　内閣は、法律の定めるところにより、その首長たる内閣総理大臣及びその他の国務大臣でこれを組織する。
内閣総理大臣その他の国務大臣は、文民でなければならない。
内閣は、行政権の行使について、国会に対し連帯して責任を負ふ。

State.

Article 38. No person shall be compelled to testify against himself.

Confession made under compulsion, torture or threat, or after prolonged arrest or detention shall not be admitted in evidence.

No person shall be convicted or punished in cases where the only proof against him is his own confession.

Article 39. No person shall be held criminally liable for an act which was lawful at the time it was committed, or of which he has been acquitted, nor shall he be placed in double jeopardy.

Article 40. Any person, in case he is acquitted after he has been arrested or detained, may sue the State for redress as provided by law.

CHAPTER IV. THE DIET

Article 41. The Diet shall be the highest organ of state power, and shall be the sole law-making organ of the State.

Article 42. The Diet shall consist of two Houses, namely the House of Representatives and the House of Councillors.

Article 43. Both Houses shall consist of elected members, representative of all the people.

The number of the members of each House shall be fixed by law.

Article 44. The qualifications of members of both Houses and their electors shall be fixed by law. However, there shall be no discrimination because of race, creed, sex, social status, family origin, education, property or income.

Article 45. The term of office of members of the House of Representatives shall be four years. However, the term shall be terminated before the full term is up in case the House of Representatives is dissolved.

Article 46. The term of office of members of the House of Councillors shall be six years, and election for half the members shall take place every three years.

Article 47. Electoral districts, method of voting and other matters pertaining to the method of election of members of both Houses shall be fixed by law.

Article 48. No person shall be permitted to be a member of both Houses simultaneously.

Article 49. Members of both Houses shall receive appropriate annual payment from the national treasury in accordance with law.

Article 50. Except in cases provided by law, members of both Houses shall be exempt from apprehension while the Diet is in session, and any members apprehended before the opening of the session shall be freed during the term of the session upon demand of the House.

Article 51. Members of both Houses shall not be held liable outside the House for speeches, debates or votes cast inside the House.

Article 52. An ordinary session of the Diet shall be convoked once per year.

Article 53. The Cabinet may determine to convoke extraordinary sessions of the Diet. When a quarter or more of the total members of either House makes the demand, the Cabinet must determine on such convocation.

Article 54. When the House of Representatives is dissolved, there must be a general election of members of the House of Representatives within forty (40) days from the date of dissolution, and the Diet must be convoked within thirty (30) days from the date of the election.

When the House of Representatives is dissolved, the House of Councillors is closed at the same time. However, the Cabinet may in time of national emergency convoke the House of Councillors in emergency session.

Measures taken at such session as mentioned in the proviso of the preceding paragraph shall be provisional and shall become null and void unless agreed to by the House of Representatives within a period of ten (10) days after the opening of the next session of the Diet.

Article 55. Each House shall judge disputes related to qualifications of its members. However, in order to deny a seat to any member, it is necessary to pass a resolution by a majority of two-thirds or more of the members present.

Article 56. Business cannot be transacted in either House unless one-third or more of

第三十八条　何人も、自己に不利益な供述を強要されない。
　強制、拷問若しくは脅迫による自白又は不当に長く抑留若しくは拘禁された後の自白は、これを証拠とすることができない。
　何人も、自己に不利益な唯一の証拠が本人の自白である場合には、有罪とされ、又は刑罰を科せられない。
第三十九条　何人も、実行の時に適法であつた行為又は既に無罪とされた行為については、刑事上の責任を問はれない。又、同一の犯罪について、重ねて刑事上の責任を問はれない。

第四十条　何人も、抑留又は拘禁された後、無罪の裁判を受けたときは、法律の定めるところにより、国にその補償を求めることができる。

第四章　国会

第四十一条　国会は、国権の最高機関であつて、国の唯一の立法機関である。

第四十二条　国会は、衆議院及び参議院の両議院でこれを構成する。

第四十三条　両議院は、全国民を代表する選挙された議員でこれを組織する。
　両議院の議員の定数は、法律でこれを定める。
第四十四条　両議院の議員及びその選挙人の資格は、法律でこれを定める。但し、人種、信条、性別、社会的身分、門地、教育、財産又は収入によつて差別してはならない。

第四十五条　衆議院議員の任期は、四年とする。但し、衆議院解散の場合には、その期間満了前に終了する。

第四十六条　参議院議員の任期は、六年とし、三年ごとに議員の半数を改選する。

第四十七条　選挙区、投票の方法その他両議院の議員の選挙に関する事項は、法律でこれを定める。
第四十八条　何人も、同時に両議院の議員たることはできない。
第四十九条　両議院の議員は、法律の定めるところにより、国庫から相当額の歳費を受ける。

第五十条　両議院の議員は、法律の定める場合を除いては、国会の会期中逮捕されず、会期前に逮捕された議員は、その議院の要求があれば、会期中これを釈放しなければならない。

第五十一条　両議院の議員は、議院で行つた演説、討論又は表決について、院外で責任を問はれない。
第五十二条　国会の常会は、毎年一回これを召集する。
第五十三条　内閣は、国会の臨時会の召集を決定することができる。いづれかの議院の総議員の四分の一以上の要求があれば、内閣は、その召集を決定しなければならない。

第五十四条　衆議院が解散されたときは、解散の日から四十日以内に、衆議院議員の総選挙を行ひ、その選挙の日から三十日以内に、国会を召集しなければならない。
　衆議院が解散されたときは、参議院は、同時に閉会となる。但し、内閣は、国に緊急の必要があるときは、参議院の緊急集会を求めることができる。
　前項但書の緊急集会において採られた措置は、臨時のものであつて、次の国会開会の後十日以内に、衆議院の同意がない場合には、その効力を失ふ。

第五十五条　両議院は、各々その議員の資格に関する争訟を裁判する。但し、議員の議席を失はせるには、出席議員の三分の二以上の多数による議決を必要とする。

第五十六条　両議院は、各々その総議員の三分の一以上の出席がなければ、議事を開き議

The State and its organs shall refrain from religious education or any other religious activity.

Article 21. Freedom of assembly and association as well as speech, press and all other forms of expression are guaranteed.

No censorship shall be maintained, nor shall the secrecy of any means of communication be violated.

Article 22. Every person shall have freedom to choose and change his residence and to choose his occupation to the extent that it does not interfere with the public welfare.

Freedom of all persons to move to a foreign country and to divest themselves of their nationality shall be inviolate.

Article 23. Academic freedom is guaranteed.

Article 24. Marriage shall be based only on the mutual consent of both sexes and it shall be maintained through mutual cooperation with the equal rights of husband and wife as a basis.

With regard to choice of spouse, property rights, inheritance, choice of domicile, divorce and other matters pertaining to marriage and the family, laws shall be enacted from the standpoint of individual dignity and the essential equality of the sexes.

Article 25. All people shall have the right to maintain the minimum standards of wholesome and cultured living.

In all spheres of life, the State shall use its endeavors for the promotion and extension of social welfare and security, and of public health.

Article 26. All people shall have the right to receive an equal education correspondent to their ability, as provided by law.

All people shall be obligated to have all boys and girls under their protection receive ordinary education as provided for by law. Such compulsory education shall be free.

Article 27. All people shall have the right and the obligation to work.

Standards for wages, hours, rest and other working conditions shall be fixed by law.

Children shall not be exploited.

Article 28. The right of workers to organize and to bargain and act collectively is guaranteed.

Article 29. The right to own or to hold property is inviolable.

Property rights shall be defined by law, in conformity with the public welfare.

Private property may be taken for public use upon just compensation therefor.

Article 30. The people shall be liable to taxation as provided by law.

Article 31. No person shall be deprived of life or liberty, nor shall any other criminal penalty be imposed, except according to procedure established by law.

Article 32. No person shall be denied the right of access to the courts.

Article 33. No person shall be apprehended except upon warrant issued by a competent judicial officer which specifies the offense with which the person is charged, unless he is apprehended, the offense being committed.

Article 34. No person shall be arrested or detained without being at once informed of the charges against him or without the immediate privilege of counsel; nor shall he be detained without adequate cause; and upon demand of any person such cause must be immediately shown in open court in his presence and the presence of his counsel.

Article 35. The right of all persons to be secure in their homes, papers and effects against entries, searches and seizures shall not be impaired except upon warrant issued for adequate cause and particularly describing the place to be searched and things to be seized, or except as provided by Article 33.

Each search or seizure shall be made upon separate warrant issued by a competent judicial officer.

Article 36. The infliction of torture by any public officer and cruel punishments are absolutely forbidden.

Article 37. In all criminal cases the accused shall enjoy the right to a speedy and public trial by an impartial tribunal.

He shall be permitted full opportunity to examine all witnesses, and he shall have the right of compulsory process for obtaining witnesses on his behalf at public expense.

At all times the accused shall have the assistance of competent counsel who shall, if the accused is unable to secure the same by his own efforts, be assigned to his use by the

第二十一条　集会、結社及び言論、出版その他一切の表現の自由は、これを保障する。
検閲は、これをしてはならない。通信の秘密は、これを侵してはならない。

第二十二条　何人も、公共の福祉に反しない限り、居住、移転及び職業選択の自由を有する。
　何人も、外国に移住し、又は国籍を離脱する自由を侵されない。

第二十三条　学問の自由は、これを保障する。
第二十四条　婚姻は、両性の合意のみに基いて成立し、夫婦が同等の権利を有することを基本として、相互の協力により、維持されなければならない。
　配偶者の選択、財産権、相続、住居の選定、離婚並びに婚姻及び家族に関するその他の事項に関しては、法律は、個人の尊厳と両性の本質的平等に立脚して、制定されなければならない。

第二十五条　すべて国民は、健康で文化的な最低限度の生活を営む権利を有する。
　国は、すべての生活部面について、社会福祉、社会保障及び公衆衛生の向上及び増進に努めなければならない。

第二十六条　すべて国民は、法律の定めるところにより、その能力に応じて、ひとしく教育を受ける権利を有する。
　すべて国民は、法律の定めるところにより、その保護する子女に普通教育を受けさせる義務を負ふ。義務教育は、これを無償とする。
第二十七条　すべて国民は、勤労の権利を有し、義務を負ふ。
　賃金、就業時間、休息その他の勤労条件に関する基準は、法律でこれを定める。
　児童は、これを酷使してはならない。
第二十八条　勤労者の団結する権利及び団体交渉その他の団体行動をする権利は、これを保障する。
第二十九条　財産権は、これを侵してはならない。
　財産権の内容は、公共の福祉に適合するやうに、法律でこれを定める。
　私有財産は、正当な補償の下に、これを公共のために用ひることができる。
第三十条　国民は、法律の定めるところにより、納税の義務を負ふ。
第三十一条　何人も、法律の定める手続によらなければ、その生命若しくは自由を奪はれ、又はその他の刑罰を科せられない。
第三十二条　何人も、裁判所において裁判を受ける権利を奪はれない。
第三十三条　何人も、現行犯として逮捕される場合を除いては、権限を有する司法官憲が発し、且つ理由となつてゐる犯罪を明示する令状によらなければ、逮捕されない。

第三十四条　何人も、理由を直ちに告げられ、且つ、直ちに弁護人に依頼する権利を与へられなければ、抑留又は拘禁されない。又、何人も、正当な理由がなければ、拘禁されず、要求があれば、その理由は、直ちに本人及びその弁護人の出席する公開の法廷で示されなければならない。

第三十五条　何人も、その住居、書類及び所持品について、侵入、捜索及び押収を受けることのない権利は、第三十三条の場合を除いては、正当な理由に基いて発せられ、且つ捜索する場所及び押収する物を明示する令状がなければ、侵されない。
　捜索又は押収は、権限を有する司法官憲が発する各別の令状により、これを行ふ。

第三十六条　公務員による拷問及び残虐な刑罰は、絶対にこれを禁ずる。

第三十七条　すべて刑事事件においては、被告人は、公平な裁判所の迅速な公開裁判を受ける権利を有する。
　刑事被告人は、すべての証人に対して審問する機会を充分に与へられ、又、公費で自己のために強制的手続により証人を求める権利を有する。
　刑事被告人は、いかなる場合にも、資格を有する弁護人を依頼することができる。被告人が自らこれを依頼することができないときは、国でこれを附する。

Awarding of honors.
Attestation of instruments of ratification and other diplomatic documents as provided for by law.
Receiving foreign ambassadors and ministers.
Performance of ceremonial functions.

Article 8. No property can be given to, or received by, the Imperial House, nor can any gifts be made therefrom, without the authorization of the Diet.

CHAPTER II. RENUNCIATION OF WAR

Article 9. Aspiring sincerely to an international peace based on justice and order, the Japanese people forever renounce war as a sovereign right of the nation and the threat or use of force as means of settling international disputes.

In order to accomplish the aim of the preceding paragraph, land, sea, and air forces, as well as other war potential, will never be maintained. The right of belligerency of the state will not be recognized.

CHAPTER III. RIGHTS AND DUTIES OF THE PEOPLE

Article 10. The conditions necessary for being a Japanese national shall be determined by law.

Article 11. The people shall not be prevented from enjoying any of the fundamental human rights. These fundamental human rights guaranteed to the people by this Constitution shall be conferred upon the people of this and future generations as eternal and inviolate rights.

Article 12. The freedoms and rights guaranteed to the people by this Constitution shall be maintained by the constant endeavor of the people, who shall refrain from any abuse of these freedoms and rights and shall always be responsible for utilizing them for the public welfare.

Article 13. All of the people shall be respected as individuals. Their right to life, liberty, and the pursuit of happiness shall, to the extent that it does not interfere with the public welfare, be the supreme consideration in legislation and in other governmental affairs.

Article 14. All of the people are equal under the law and there shall be no discrimination in political, economic or social relations because of race, creed, sex, social status or family origin.

Peers and peerage shall not be recognized.

No privilege shall accompany any award of honor, decoration or any distinction, nor shall any such award be valid beyond the lifetime of the individual who now holds or hereafter may receive it.

Article 15. The people have the inalienable right to choose their public officials and to dismiss them.

All public officials are servants of the whole community and not of any group thereof.

Universal adult suffrage is guaranteed with regard to the election of public officials.

In all elections, secrecy of the ballot shall not be violated. A voter shall not be answerable, publicly or privately, for the choice he has made.

Article 16. Every person shall have the right of peaceful petition for the redress of damage, for the removal of public officials, for the enactment, repeal or amendment of laws, ordinances or regulations and for other matters; nor shall any person be in any way discriminated against for sponsoring such a petition.

Article 17. Every person may sue for redress as provided by law from the State or a public entity, in case he has suffered damage through illegal act of any public official.

Article 18. No person shall be held in bondage of any kind. Involuntary servitude, except as punishment for crime, is prohibited.

Article 19. Freedom of thought and conscience shall not be violated.

Article 20. Freedom of religion is guaranteed to all. No religious organization shall receive any privileges from the State, nor exercise any political authority.

No person shall be compelled to take part in any religious act, celebration, rite or practice.

九　外国の大使及び公使を接受すること。
十　儀式を行ふこと。

第八条　皇室に財産を譲り渡し、又は皇室が、財産を譲り受け、若しくは賜与することは、国会の議決に基かなければならない。

第二章　戦争の放棄

第九条　日本国民は、正義と秩序を基調とする国際平和を誠実に希求し、国権の発動たる戦争と、武力による威嚇又は武力の行使は、国際紛争を解決する手段としては、永久にこれを放棄する。

前項の目的を達するため、陸海空軍その他の戦力は、これを保持しない。国の交戦権は、これを認めない。

第三章　国民の権利及び義務

第十条　日本国民たる要件は、法律でこれを定める。

第十一条　国民は、すべての基本的人権の享有を妨げられない。この憲法が国民に保障する基本的人権は、侵すことのできない永久の権利として、現在及び将来の国民に与へられる。

第十二条　この憲法が国民に保障する自由及び権利は、国民の不断の努力によつて、これを保持しなければならない。又、国民は、これを濫用してはならないのであつて、常に公共の福祉のためにこれを利用する責任を負ふ。

第十三条　すべて国民は、個人として尊重される。生命、自由及び幸福追求に対する国民の権利については、公共の福祉に反しない限り、立法その他の国政の上で、最大の尊重を必要とする。

第十四条　すべて国民は、法の下に平等であつて、人種、信条、性別、社会的身分又は門地により、政治的、経済的又は社会的関係において、差別されない。

華族その他の貴族の制度は、これを認めない。

栄誉、勲章その他の栄典の授与は、いかなる特権も伴はない。栄典の授与は、現にこれを有し、又は将来これを受ける者の一代に限り、その効力を有する。

第十五条　公務員を選定し、及びこれを罷免することは、国民固有の権利である。

すべて公務員は、全体の奉仕者であつて、一部の奉仕者ではない。

公務員の選挙については、成年者による普通選挙を保障する。

すべて選挙における投票の秘密は、これを侵してはならない。選挙人は、その選択に関し公的にも私的にも責任を問はれない。

第十六条　何人も、損害の救済、公務員の罷免、法律、命令又は規則の制定、廃止又は改正その他の事項に関し、平穏に請願する権利を有し、何人も、かかる請願をしたためにいかなる差別待遇も受けない。

第十七条　何人も、公務員の不法行為により、損害を受けたときは、法律の定めるところにより、国又は公共団体に、その賠償を求めることができる。

第十八条　何人も、いかなる奴隷的拘束も受けない。又、犯罪に因る処罰の場合を除いては、その意に反する苦役に服させられない。

第十九条　思想及び良心の自由は、これを侵してはならない。

第二十条　信教の自由は、何人に対してもこれを保障する。いかなる宗教団体も、国から特権を受け、又は政治上の権力を行使してはならない。

何人も、宗教上の行為、祝典、儀式又は行事に参加することを強制されない。

国及びその機関は、宗教教育その他いかなる宗教的活動もしてはならない。

The Constitution of Japan

We, the Japanese people, acting through our duly elected representatives in the National Diet, determined that we shall secure for ourselves and our posterity the fruits of peaceful cooperation with all nations and the blessings of liberty throughout this land, and resolved that never again shall we be visited with the horrors of war through the action of government, do proclaim that sovereign power resides with the people and do firmly establish this Constitution. Government is a sacred trust of the people, the authority for which is derived from the people, the powers of which are exercised by the representatives of the people, and the benefits of which are enjoyed by the people. This is a universal principle of mankind upon which this Constitution is founded.We reject and revoke all constitutions, laws, ordinances, and rescripts in conflict herewith.

We, the Japanese people, desire peace for all time and are deeply conscious of the high ideals controlling human relationship, and we have determined to preserve our security and existence, trusting in the justice and faith of the peace-loving peoples of the world. We desire to occupy an honored place in an international society striving for the preservation of peace, and the banishment of tyranny and slavery, oppression and intolerance for all time from the earth. We recognize that all peoples of the world have the right to live in peace, free from fear and want.

We believe that no nation is responsible to itself alone, but that laws of political morality are universal; and that obedience to such laws is incumbent upon all nations who would sustain their own sovereignty and justify their sovereign relationship with other nations.

We, the Japanese people, pledge our national honor to accomplish these high ideals and puposes with all our resources.

CHAPTER I. THE EMPEROR

Article 1. The Emperor shall be the symbol of the State and of the unity of the people, deriving his position from the will of the people with whom resides sovereign power.

Article 2. The Imperial Throne shall be dynastic and succeeded to in accordance with the Imperial House Law passed by the Diet.

Article 3. The advice and approval of the Cabinet shall be required for all acts of the Emperor in matters of state, and the Cabinet shall be responsible therefor.

Article 4. The Emperor shall perform only such acts in matters of state as are provided for in this Constitution and he shall not have powers related to government.

The Emperor may delegate the performance of his acts in matters of state as may be provided by law.

Article 5. When, in accordance with the Imperial House Law, a Regency is established, the Regent shall perform his acts in matters of state in the Emperor's name. In this case, paragraph one of the preceding article will be applicable.

Article 6. The Emperor shall appoint the Prime Minister as designated by the Diet.

The Emperor shall appoint the Chief Judge of the Supreme Court as designated by the Cabinet.

Article 7. The Emperor, with the advice and approval of the Cabinet, shall perform the following acts in matters of state on behalf of the people:

Promulgation of amendments of the constitution, laws, cabinet orders and treaties.

Convocation of the Diet.

Dissolution of the House of Representatives.

Proclamation of general election of members of the Diet.

Attestation of the appointment and dismissal of Ministers of State and other officials as provided for by law, and of full powers and credentials of Ambassadors and Ministers.

Attestation of general and special amnesty, commutation of punishment, reprieve, and restoration of rights.

日本国憲法

日本国民は、正当に選挙された国会における代表者を通じて行動し、われらとわれらの子孫のために、諸国民との協和による成果と、わが国全土にわたつて自由のもたらす恵沢を確保し、政府の行為によつて再び戦争の惨禍が起ることのないやうにすることを決意し、ここに主権が国民に存することを宣言し、この憲法を確定する。そもそも国政は、国民の厳粛な信託によるものであつて、その権威は国民に由来し、その権力は国民の代表者がこれを行使し、その福利は国民がこれを享受する。これは人類普遍の原理であり、この憲法は、かかる原理に基くものである。われらは、これに反する一切の憲法、法令及び詔勅を排除する。

日本国民は、恒久の平和を念願し、人間相互の関係を支配する崇高な理想を深く自覚するのであつて、平和を愛する諸国民の公正と信義に信頼して、われらの安全と生存を保持しようと決意した。われらは、平和を維持し、専制と隷従、圧迫と偏狭を地上から永遠に除去しようと努めてゐる国際社会において、名誉ある地位を占めたいと思ふ。われらは、全世界の国民が、ひとしく恐怖と欠乏から免かれ、平和のうちに生存する権利を有することを確認する。

われらは、いづれの国家も、自国のことのみに専念して他国を無視してはならないのであつて、政治道徳の法則は、普遍的なものであり、この法則に従ふことは、自国の主権を維持し、他国と対等関係に立たうとする各国の責務であると信ずる。

日本国民は、国家の名誉にかけ、全力をあげてこの崇高な理想と目的を達成することを誓ふ。

第一章　天皇

第一条　天皇は、日本国の象徴であり日本国民統合の象徴であつて、この地位は、主権の存する日本国民の総意に基く。

第二条　皇位は、世襲のものであつて、国会の議決した皇室典範の定めるところにより、これを継承する。

第三条　天皇の国事に関するすべての行為には、内閣の助言と承認を必要とし、内閣が、その責任を負ふ。

第四条　天皇は、この憲法の定める国事に関する行為のみを行ひ、国政に関する権能を有しない。

天皇は、法律の定めるところにより、その国事に関する行為を委任することができる。

第五条　皇室典範の定めるところにより摂政を置くときは、摂政は、天皇の名でその国事に関する行為を行ふ。この場合には、前条第一項の規定を準用する。

第六条　天皇は、国会の指名に基いて、内閣総理大臣を任命する。

天皇は、内閣の指名に基いて、最高裁判所の長たる裁判官を任命する。

第七条　天皇は、内閣の助言と承認により、国民のために、左の国事に関する行為を行ふ。

一　憲法改正、法律、政令及び条約を公布すること。
二　国会を召集すること。
三　衆議院を解散すること。
四　国会議員の総選挙の施行を公示すること。
五　国務大臣及び法律の定めるその他の官吏の任免並びに全権委任状及び大使及び公使の信任状を認証すること。
六　大赦、特赦、減刑、刑の執行の免除及び復権を認証すること。
七　栄典を授与すること。
八　批准書及び法律の定めるその他の外交文書を認証すること。

付録

対訳・日本国憲法

刊行にあたって

歴史的な事情もあって、北海道は中央に依存する遅れた地域とイメージされ、北海道自身もまたそのような北海道観を持ち続けてきたように思われます。けれども北海道には、地域固有の政策資源を活用した必然性のある地域づくりを進める自治体や、自治基本条例・議会基本条例の発祥の地であることが示すように、果敢に政策・制度の開発にいどむ自治体が多数あります。見方を変えれば、北海道はパイオニア自治体の宝庫でもあります。

私たち北海道地方自治研究所は、そうした自治体の営為、いわば自治の先端的な「現場」と直接・間接にかかわりながら、北海道における自治の土壌を豊かにすることを願って、市民・自治体職員・長・議員のみなさん、また研究者の方々とともに、各種の研究会・講演会の開催、調査活動、月刊「北海道自治研究」誌の発刊などを行ってきました。そうした当研究所のこれまでの活動に、このたび「北海道自治研ブックレット」の刊行を加えることにしました。

自治をめぐる環境や条件は大きく変化しています。今後も続く市民活動を起点とする分権改革、また国の政策失敗を主因とする自治体財政の窮状は、自治体の自立および運営における自律の規範と機構の確立をいっそう強く求めています。このような状況にあって、自治体を市民の政府として構築するためには、市民自治の理論・方法・技術をみがくことが不可欠となっています。このブックレットの刊行が、これらの課題にこたえる一助となれば幸いです。

教える者と教わる者が固定化し、上下や序列で区別される時代は終わりました。自治体職員・長・議員を含めた市民が培う生活的・職業的専門性をいかす観点から、人・テーマ・時・場に応じて、自由に立場をかえて教えあい学びあう、いわば相互学習の広場にこのブックレット刊行の事業を育てたいものです。ブックレットを通じて、普遍性ある豊かな自治の構想や理論、斬新な営為との出会いが厚みを増していくことを願っています。

二〇〇七年八月

社団法人・北海道地方自治研究所　理事長　神原　勝

【著者略歴】

西尾　勝（にしお・まさる）

東京大学名誉教授

1961年東京大学法学部卒業、東京大学法学部助手・助教授を経て、1974～1999年教授。1999年～2006年国際基督教大学教授・大学院教授。2006年～2014年財団法人東京市政調査会・公益財団法人後藤・安田記念東京都市研究所理事長。2014年～2017年地方公共団体情報システム機構理事長。

主な著書に『権力と参加』『行政学の基礎概念』（東京大学出版会）、『行政学』（有斐閣）、『未完の分権改革』（岩波書店）、『地方分権改革』（東京大学出版会）、『自治・分権再考』（ぎょうせい）など多数。

北海道自治研ブックレット No. 6

国会の立法権と地方自治

憲法・地方自治法・自治基本条例

2018年9月25日　初版発行

著　者　西尾　勝
発行人　武内英晴
発行所　公人の友社
〒112-0002　東京都文京区小石川5-26-8
TEL 03-3811-5701　FAX 03-3811-5795
e-mail: info@koujinnotomo.com
http://koujinnotomo.com/
印刷所　倉敷印刷株式会社

ISBN978-4-87555-817-0

出版図書目録

●ご注文はお近くの書店へ
小社の本は、書店で取り寄せることができます。
●＊印は〈残部僅少〉です。品切れの場合はご容赦ください。
●直接注文の場合は電話・FAX・メールでお申し込み下さい。
（送料は実費、価格は本体価格）

［北海道自治研ブックレット］

No.1
市民・自治体・政治
再論・人間型としての市民
松下圭一 1,200円

No.2
議会基本条例の展開
その後の栗山町議会を検証する
橋場利勝・中尾修・神原勝 1,200円（品切れ）

No.3
福島町の議会改革
議会基本条例＝開かれた議会づくりの集大成
溝部幸基・石堂一志・中尾修・神原勝 1,200円

No.4
議会改革はどこまですすんだか
改革8年の検証と展望
神原勝・中尾修・江藤俊昭・廣瀬克哉 1,200円

No.5
ここまで到達した芽室町議会改革
芽室町議会改革の全貌と特色
広瀬重雄・西科純・蘆田千秋・神原勝 1,200円

［単行本］

フィンランドを世界一に導いた100の社会改革
編著 イルカ・タイパレ
訳 山田眞知子 2,800円

公共経営学入門
編著 ボーベル・ラフラー
訳 みえガバナンス研究会
監修 稲澤克祐、紀平美智子 2,500円

変えよう地方議会
～3・11後の自治に向けて
編著 河北新報社編集局 2,000円

自治体職員研修の法構造
田中孝男 2,800円

自治基本条例は活きているか?!
～ニセコ町まちづくり基本条例の10年
編 木佐茂男・片山健也・名塚昭 2,000円

国立景観訴訟～自治が裁かれる
編著 五十嵐敬喜・上原公子 2,800円

成熟と洗練～日本再構築ノート
松下圭一 2,500円

地方自治制度「再編論議」の深層
監修 木佐茂男
青山彰久・国分高史一 1,500円

韓国における地方分権改革の分析～弱い大統領と地域主義の政治経済学
尹誠國 1,400円

自治体国際政策論
～自治体国際事務の理論と実践
楠本利夫 1,400円

自治体職員の「専門性」概念
～可視化による能力開発への展開
林奈生子 3,500円

アニメの像VS.アートプロジェクト～まちとアートの関係史
竹田直樹 1,600円

NPOと行政の《協働》活動における「成果要因」
～成果へのプロセスをいかにマネジメントするか
矢代隆嗣 3,500円

おかいもの革命
消費者と流通販売者の相互学習型プラットホームによる低酸素型社会の創出
編著 おかいもの革命プロジェクト 2,000円

原発再稼働と自治体の選択
原発立地交付金の解剖
高寄昇三 2,200円

「地方創生」で地方消滅は阻止できるか
地方再生策と補助金改革
高寄昇三 2,400円

総合計画の新潮流
自治体経営を支えるトータル・システムの構築
監修・著 玉村雅敏
編集 日本生産性本部 2,400円

総合計画の理論と実務
行財政縮小時代の自治体戦略
編著 神原勝・大矢野修 3,400円

自治体の人事評価がよくわかる本
これからの人材マネジメントと人事評価
小堀喜康 1,400円

だれが地域を救えるのか
作られた「地方消滅」 島田恵司 1,700円

分権危惧論の検証
教育・都市計画・福祉を題材にして
編著 嶋田暁文・木佐茂男
著 青木栄一・野口和雄・沼尾波子 2,000円

地方自治の基礎概念
住民・住所・自治体をどうとらえるか？
編著 嶋田暁文・阿部昌樹・木佐茂男
著 太田匡彦・金井利之・飯島淳子 2,600円

松下圭一＊私の仕事—著述目録
松下圭一 1,500円

地域創世への挑戦
住み続ける地域づくりの処方箋
監修・著 長瀬光市
著 縮小都市研究会 2,600円

自治体広報はプロションの時代からコミュニケーションの時代へ
マーケティングの視点が自治体の行政広報を変える
鈴木勇紀 3,500円

「大大阪」時代を築いた男
評伝・関一（第7代目大阪市長）
大山 勝男 2,600円

自治体議会の政策サイクル
議会改革を住民福祉の向上につなげるために
編著 江藤俊昭
著 石堂一志・中道俊之・横山淳・西科純 2,300円

挽歌の宛先 祈りと震災
編著 河北新報社編集局 1,600円

新訂 自治体法務入門
編 田中孝男・木佐茂男 2,700円

政治倫理条例のすべて
クリーンな地方政治のために
斎藤 文男 2,200円

福島インサイドストーリー
役場職員が見た避難と震災復興
編著 今井照・自治体政策研究会 2,400円

原発被災地の復興シナリオ・プランニング
編著 金井利之・今井照 2,200円

自治体の政策形成マネジメント入門
矢代隆嗣 2,700円

介護保険制度の強さと脆さ
2018年改正と問題点
編著 鏡諭 企画東京自治研究センター 2,600円

「質問力」でつくる政策議会
土山希美枝 2,500円

原発被災地の復興シナリオ・プランニング
編著 金井利之・今井照 2,200円

【自治体危機叢書】

2000年分権改革と自治体危機
松下圭一 1,500円

自治体財政破綻の危機・管理
加藤良重 1,400円

自治体連携と受援力
もう国に依存できない
神谷 秀之・桜井 誠一 1,600円

政策転換への新シナリオ
小口進一 1,500円

住民監査請求制度の危機と課題
田中孝男 1,500円

政府財政支援と被災自治体財政
東日本・阪神大震災と地方財政
高寄昇三 1,600円

震災復旧・復興と「国の壁」
神谷秀之 2,000円

自治体財政のムダを洗い出す
財政再建の処方箋
高寄昇三 2,300円

「政務活動費」ここが問題だ
改善と有効活用を提案
宮沢 昭夫 2,400円

「ふるさと納税」「原大学誘致」で地方は再生できるのか
高寄 昇三 2,400円

［京都府立大学京都地域未来創造センターブックレット］

No.1
地域貢献としての「大学発シンクタンク」
京都政策研究センター（KPI）の挑戦
編著 青山公三・小沢修司・杉岡秀紀・藤沢実 1,000円

No.2
もうひとつの「自治体行革」
住民満足度向上へつなげる
編著 青山公三・小沢修司・杉岡秀紀・藤沢実 1,000円

No.3
地域力再生とプロボノ
行政におけるプロボノ活用の最前線
編著 杉岡秀紀
著 青山公三・鈴木康久・山本伶奈 1,000円

No.4
地域創生の最前線
地方創生から地域創生へ
監修・解説 増田寛也
編著 青山公三・小沢修司・杉岡秀紀・菱木智一 1,000円

No.5
現場から見た「子どもの貧困」対策
行政・地域・学校の現場から
編著 小沢修司 1,000円

［地方自治ジャーナル
ブックレット］

No.10
自治体職員の能力
自治体職員能力研究会　971円

No.11
パブリックアートは幸せか
山岡義典　1,166円＊

No.12
市民が担う自治体公務
パートタイム公務員論研究会　1,359円

No.14
上流文化圏からの挑戦
山梨学院大学行政研究センター　1,166円

No.15
市民自治と直接民主制
高寄昇三　951円

No.16
議会と議員立法
上田章・五十嵐敬喜　1,600円

No.17
分権段階の自治体と政策法務
山梨学院大学行政研究センター　1,456円

No.18
地方分権と補助金改革
高寄昇三　1,200円

No.19
分権化時代の広域行政
山梨学院大学行政研究センター　1,200円

No.20
あなたの町の学級編成と地方分権
田嶋義介　1,200円

No.22
ボランティア活動の進展と自治体の役割
山梨学院大学行政研究センター　1,200円

No.23
新版2時間で学べる「介護保険」
加藤良重　800円

No.24
男女平等社会の実現と自治体の役割
山梨学院大学行政研究センター　1,200円

No.25
市民がつくる東京の環境・公害条例
市民案をつくる会　1,000円

No.26
東京都の「外形標準課税」はなぜ正当なのか
青木宗明・神田誠司　1,000円

No.27
少子高齢化社会における福祉のあり方
山梨学院大学行政研究センター　1,200円

No.28
財政再建団体
橋本行史　1,000円（品切れ）

No.29
交付税の解体と再編成
高寄昇三　1,000円

No.30
町村議会の活性化
山梨学院大学行政研究センター　1,200円

No.31
地方分権と法定外税
外川伸一　800円

No.32
東京都銀行税判決と課税自主権
高寄昇三　1,200円

No.33
都市型社会と防衛論争
松下圭一　900円

No.34
中心市街地の活性化に向けて
山梨学院大学行政研究センター　1,200円

No.35
自治体企業会計導入の戦略
高寄昇三　1,100円

No.36
行政基本条例の理論と実際
神原勝・佐藤克廣・辻道雅宣　1,100円

No.37
市民文化と自治体文化戦略
松下圭一　800円

No.38
まちづくりの新たな潮流
山梨学院大学行政研究センター　1,200円

No.39
ディスカッション三重の改革
中村征之・大森弥　1,200円

No.40
政務調査費
宮沢昭夫　1,200円（品切れ）

No.41
市民自治の制度開発の課題
山梨学院大学行政研究センター　1,200円

No.42
《改訂版》自治体破たん・「夕張ショック」の本質
橋本行史　1,200円

No.43
分権改革と政治改革
西尾勝　1,200円

No.44
自治体人材育成の着眼点
浦野秀一・井澤壽美子・野田邦弘・西村浩・三関浩司・杉谷戸知也・坂口正治・田中富雄　1,200円

No.45
シンポジウム障害と人権
橋本宏子・森田明・湯浅和恵・池原毅和・青木九馬・澤静子・佐々木久美子　1,400円

No.46
地方財政健全化法で財政破綻は阻止できるか
高寄昇三　1,200円

No.47
地方政府と政策法務
加藤良重　1,200円

No.48
政策財務と地方政府
加藤良重　1,400円

No.49
政令指定都市がめざすもの
高寄昇三 1,400円

No.50
良心的裁判員拒否と責任ある参加
市民社会の中の裁判員制度
大城 聡 1,000円

No.51
討議する議会
自治体議会学の構築をめざして
江藤俊昭 1,200円

No.52
【増補版】大阪都構想と橋下政治の検証
府県集権主義への批判
高寄昇三 1,200円

No.53
虚構・大阪都構想への反論
橋下ポピュリズムと都市主権の対決
高寄昇三 1,200円

No.54
大阪市存続・大阪都粉砕の戦略
地方政治とポピュリズム
高寄昇三 1,200円

No.55
「大阪都構想」を越えて
問われる日本の民主主義と地方自治
（社）大阪自治体問題研究所 1,200円

No.56
翼賛議会型政治・地方民主主義への脅威
地域政党と地方マニフェスト
高寄昇三 1,200円

No.57
なぜ自治体職員にきびしい法遵守が求められるのか
加藤良重 1,200円

No.58
東京都区制度の歴史と課題
都区制度問題の考え方
著：栗原利美、編：米倉克良 1,400円

No.59
七ヶ浜町（宮城県）で考える
「震災復興計画」と住民自治
編著：自治体学会東北YP 1,400円

No.60
市民が取り組んだ条例づくり
市長・職員・市議会とともにつくった所沢市自治基本条例
編著：所沢市自治基本条例を育てる会 1,400円

No.61
いま、なぜ大阪市の消滅なのか
「大都市地域特別区法」の成立と今後の課題
編著：大阪自治を考える会 800円

No.62
地方公務員給与は高いのか
非正規職員の正規化をめざして
著：高寄昇三・山本正憲 1,200円

No.63
大阪市廃止・特別区設置の制度設計案を批判する
いま、なぜ大阪市の消滅なのかPart2
編著：大阪自治を考える会 900円

No.64
自治体学とはどのような学か
森啓 1,200円

No.65
通年議会の〈導入〉と〈廃止〉
長崎県議会による全国初の取り組み
松島完 900円

No.66
平成忠臣蔵・泉岳寺景観の危機
吉田朱音・牟田賢明・五十嵐敬喜 800円

No.67
いま一度考えたい大阪市の廃止・分割
その是非を問う住民投票を前に
大阪の自治を考える研究会 926円

No.68
地域主体のまちづくりで「自治体職員」が重視すべきこと
事例に学び、活かしたい5つの成果要因
矢代隆嗣 800円

No.69
自治体職員が知っておくべきマイナンバー制度50項
高村弘史 1,200円

［福島大学ブックレット
21世紀の市民講座」］

No.1
外国人労働者と地域社会の未来
著：桑原靖夫・香川孝三、編：坂本惠 900円

No.2
自治体政策研究ノート
今井照 900円

No.3
住民による「まちづくり」の作法
今西一男 1,000円

No.4
格差・貧困社会における市民の権利擁護
金子勝 900円

No.6
今なぜ権利擁護か
ネットワークの重要性
高野範城・新村繁文 1,000円

No.7
小規模自治体の可能性を探る
保母武彦・菅野典雄・佐藤力・竹内是俊・松野光伸 1,000円

No.8
小規模自治体の生きる道
連合自治の構築をめざして
神原勝 900円

No.9
文化資産としての美術館利用
地域の教育・文化的生活に資する方法研究と実践
辻みどり・田村奈保子・真歩仁しょうん 900円

No.10
フクシマで〝日本国憲法〈前文〉〟を読む
家族で語ろう憲法のこと
金井光生 1,000円

［地方自治土曜講座
ブックレット］

No.2
自治体の政策研究
森啓 500円＊

No.3
現代政治と地方分権
山口二郎　500円＊

No.4
行政手続と市民参加
畠山武道　500円＊

No.5
成熟型社会の地方自治像
間島正秀　500円＊

No.6
自治体法務とは何か
木佐茂男　500円＊

No.7
自治と参加　アメリカの事例から
佐藤克廣　500円＊

No.8
政策開発の現場から
小林勝彦・大石和也・川村喜芳
800円＊

No.21
分権時代の自治体経営
北良治・佐藤克廣・大久保尚孝
600円＊

No.22
地方分権推進委員会勧告とこれからの地方自治
西尾勝　500円＊

No.23
産業廃棄物と法
畠山武道　600円＊

No.24
自治体計画の理論と手法
神原　勝　600円（品切れ）

No.25
自治体の施策原価と事業別予算
小口進一　600円＊

No.27
比較してみる地方自治
田口晃・山口二郎　600円＊

No.29
自治体の課題とこれから
逢坂誠二　400円＊

No.31
地域の産業をどう育てるか
金井一頼　600円＊

No.32
金融改革と地方自治体
宮脇淳　600円＊

No.33
ローカルデモクラシーの統治能力
山口二郎　400円＊

No.34
政策立案過程への戦略計画手法の導入　佐藤克廣　500円＊

No.35
「変革の時」の自治を考える
神原昭子・磯田憲一・大和田健太郎
600円＊

No.37
分権時代の政策法務
礒崎初仁　600円＊

No.38
地方分権と法解釈の自治
兼子仁　400円＊

No.39
「近代」の構造転換と新しい「市民社会」への展望
今井弘道　500円＊

No.40
自治基本条例への展望
辻道雅宣　400円＊

No.41
少子高齢社会の自治体の福祉法務
加藤良重　400円＊

No.42
改革の主体は現場にあり
山田孝夫　900円

No.43
自治と分権の政治学
鳴海正泰　1,100円

No.44
公共政策と住民参加
宮本憲一　1,100円＊

No.45
農業を基軸としたまちづくり
小林康雄　800円

No.46
これからの北海道農業とまちづくり
篠田久雄　800円

No.47
自治の中に自治を求めて
佐藤守　1,000円

No.48
介護保険は何をかえるのか
池田省三　1,100円

No.49
介護保険と広域連合
大西幸雄　1,000円

No.50
自治体職員の政策水準
森啓　1,100円

No.51
分権型社会と条例づくり
篠原一　1,000円

No.52
自治体における政策評価の課題
佐藤克廣　1,000円

No.53
小さな町の議員と自治体
室埼正之　900円

No.55
改正地方自治法とアカウンタビリティ
鈴木庸夫　1,200円

No.56
財政運営と公会計制度
宮脇淳　1,100円

No.59
環境自治体とISO
畠山武道　700円

No.60
転型期自治体の発想と手法
松下圭一　900円

No.61
分権の可能性
スコットランドと北海道
山口二郎　600円

No.62
機能重視型政策の分析過程と財務情報
宮脇淳　800円

No.63
自治体の広域連携
佐藤克廣　900円

No.64
分権時代における地域経営
見野全　700円

No.65
町村合併は住民自治の区域の変更である
森啓　800円

No.66
自治体学のすすめ
田村明　900円

No.67
市民・行政・議会のパートナシップを目指して
松山哲男　700円

No.69
新地方自治法と自治体の自立
井川博　900円

No.70
分権型社会の地方財政
神野直彦　1,000円

No.71
自然と共生した町づくり
宮崎県・綾町
森山喜代香　700円

No.72
情報共有と自治体改革
片山健也　1,000円

No.73
地域民主主義の活性化と自治体改革
山口二郎　900円

No.74
分権は市民への権限委譲
上原公子　1,000円

No.75
今、なぜ合併か
瀬戸亀男　800円

No.76
市町村合併をめぐる状況分析
小西砂千夫　800円

No.78
ポスト公共事業社会と自治体政策
五十嵐敬喜　800円

No.80
自治体人事政策の改革
森啓　800円

No.83
北海道経済の戦略と戦術
宮脇淳　800円

No.84
地域おこしを考える視点
矢作弘　700円

No.87
北海道行政基本条例論
神原勝　1,100円

No.91
協働のまちづくり
三鷹市の様々な取組みから
秋元政三　700円＊

No.92
シビル・ミニマム再考
松下圭一　900円

No.93
市町村合併の財政論
高木健二　800円＊

No.95
市町村行政改革の方向性
佐藤克廣　800円

No.96
創造都市と日本社会の再生
佐々木雅幸　900円

No.97
地方政治の活性化と地域政策
山口二郎　800円

No.98
多治見市の総合計画に基づく政策実行
西寺雅也　800円

No.99
自治体の政策形成力
森啓　700円

No.100
自治体再構築の市民戦略
松下圭一　900円

No.101
維持可能な社会と自治体
宮本憲一　900円

No.102
道州制の論点と北海道
佐藤克廣　1,000円

No.103
自治基本条例の理論と方法
神原勝　1,100円

No.104
働き方で地域を変える
山田眞知子　800円（品切れ）

No.107
公共をめぐる攻防
樽見弘紀　600円

No.108
三位一体改革と自治体財政
岡本全勝・山本邦彦・北良治・逢坂誠二・川村喜芳　1,000円

No.109
連合自治の可能性を求めて
松岡市郎・堀則文・三本英司・佐藤克廣・砂川敏文・北良治他　1,000円

No.110
「市町村合併」の次は「道州制」か
森啓　900円

No.111
コミュニティビジネスと建設帰農
松本懿・佐藤吉彦・橋場利夫・山北博明・飯野政一・神原勝　1,000円

No.112
「小さな政府」論とはなにか
牧野富夫　700円

No.113
栗山町発・議会基本条例
橋場利勝・神原勝　1,200円

No.114
北海道の先進事例に学ぶ
宮谷内留雄・安斎保・見野全・佐藤克廣・神原勝　1,000円

No.115
地方分権改革の道筋
西尾勝　1,200円

No.116
転換期における日本社会の可能性～維持可能な内発的発展
宮本憲一　1,100円